Aktienstrategien
für Fortgeschrittene

Aktienstrategien
für Fortgeschrittene

Gewinnen wie die Profis mit
Bernd W. Klöckner

FALKEN
Taschenbuch

Im FALKEN Verlag sind weitere Titel zum Thema Aktien erschienen. Sie sind überall dort erhältlich, wo es Bücher gibt.

Sie finden uns im Internet: **www.falken.de**

Der Text dieses Buches entspricht den Regeln
der neuen deutschen Rechtschreibung.

Dieses Buch wurde auf chlorfrei gebleichtem
und säurefreiem Papier gedruckt.

Widmung

Für Bianca Sonja Sommerfeld, alias Bibi, alias kleine Zigeunerin.
Bianca: Das Leben mit dir ist wundervoll und voller herrlicher Überraschungen.
Danke!

Oktober 2000

ISBN 3 635 60646 4

© 2001 by FALKEN Verlag, 65527 Niedernhausen/Ts.

Umschlaggestaltung: Init GmbH, Bielefeld
Redaktion: Dr. Rainer Lorenz, Kassel
Koordination: Dr. Werner Brand
Herstellung: Ulrich Klein, Silvia Hollerbach
Satz: Blattwerk, Satz & Gestaltung, Mainhardt
Druck: Freiburger Graphische Betriebe GmbH, Freiburg

817 2635 4453 6271

Inhalt

Einführung

Liebe Leserin, lieber Leser,

mit diesem Buch halten Sie das Folgebuch von „Gewinnen mit Aktien – Chancen für Einsteiger" in den Händen. „Gewinnen mit Aktien" wurde ein Bestseller. Viele Hundert Leser schrieben mich an und bedankten sich für die einfache Sprache und den verständlich geschriebenen Inhalt. Sie bedankten sich dafür, dass es ein Buch aus der Praxis für die Praxis war. Nach dem großen Erfolg dieses Einsteigerbuches war dem Verlag und mir klar: Es musste ein Folgebuch geschrieben werden; für all diejenigen, die bereits die ersten Erfahrungen mit der Investition in Aktien gemacht haben und jetzt mehr über die Gesetzmäßigkeiten der Börse wissen wollen.

In dem vorliegenden Buch wende ich mich nun an Sie, wenn Sie selbst zu den fortgeschrittenen Investoren am Aktienmarkt zählen. Fortgeschritten bedeutet: Sie haben bereits durch einige oder zahlreiche Käufe und Verkäufe gewonnen und werden sicherlich mit dem ein oder anderen Engagement auch verloren haben. Sie haben sozusagen am eigenen Leib erlebt, wieso der verstorbene Altmeister der Börse, André Kostolany, stets davon sprach, dass an der Börse verdientes Geld „Schmerzensgeld" sei. Doch als Fortgeschrittener wissen Sie auch: Die Chancen, mit der Investition in Aktien auf Dauer ein großes Vermögen zu machen, sind beträchtlich.

Wichtig auf dem Weg zum Erfolg an der Börse ist, dass Sie die Fehler vermeiden, die andere schon tausendfach vor Ihnen gemacht haben, und dass Sie die wichtigsten Informationen und das wichtigste Know-how anwenden. Diese Informationen und dieses aus meiner Sicht wichtigste Know-how für Fortgeschrittene habe ich auf den folgenden rund 160 Seiten zusammengefasst.

Ich persönlich bin der Meinung, dass Sie nach diesem Buch – bei Interesse am Börsengeschehen – noch die ein oder andere Spezialliteratur lesen sollten, auf die ich an geeigneter Stelle jeweils hinweise. Das sind die Bücher, die ich persönlich für faszinierend und zugleich lehrreich halte, und in denen Sie manchmal nur ein oder zwei wirklich für Sie wertvolle Kapitel finden, bei denen sich jedoch eben wegen dieser Kapitel der Kauf des Buches für Sie lohnt.

Bitte haben Sie dafür Verständnis, dass ich Ihnen keine Aktientipps gebe. Ich verrate Ihnen auch keine Geheimrezepte, die keiner außer Ihnen und mir kennt. Dieses Buch soll und kann für Sie lediglich der Fahrplan zu Aktiengewinnen sein. Auf welche Aktie (Fahrzeug) Sie dabei setzen, ist und kann wiederum nur das Ergebnis Ihrer eigenen Überlegungen sein. Apropos Börsentipps und Börsenprognosen: Zu diesen beiden Themen gibt es drei interessante Geschichten, die ich zu Beginn dieses Buches weitergeben möchte; sozusagen für alle diejenigen, die den Glauben an Prognosen noch immer nicht so ganz aufgegeben haben: In Großbritannien kam es in den Achtzigerjahren zu einem Prognosetest. Es nahmen teil: vier ehemalige Finanzminister, vier Vorstandsmitglieder internationaler Konzerne, vier Oxford-Studenten und zum guten Schluss vier Londoner Müllwerker. Das Ergebnis war ebenso eindeutig wie verblüffend: Die vier Müllwerker lagen an der Spitze und die vier ehemaligen Finanzminister mussten sich mit dem letzten Platz geschlagen geben.

Die zweite Geschichte: John Graham und Campbell Harvey untersuchten in einer erstklassigen Arbeit für den Zeitraum zwischen 1980 und 1992 rund 240 Anlagestrategien. Im Mittelpunkt der Analyse von Graham und Harvey standen die Empfehlungen diverser Börsendienste, wie einzelne Aktien zu gewichten seien, und auch die Vorhersage, wie sich die Märkte entwickeln würden. Das Ergebnis: Die Prognosen seien „wenig beeindruckend". Die meisten Börsendienste würden erst dann zum Kauf raten, wenn der jeweilige Markt ohnehin deutlich gestiegen wäre, und das Aussteigen würde in der Regel zu spät empfohlen. Besonders eklatant war ein Beispiel eines in der Öffentlichkeit sehr renommierten Börsenbriefes: Während dieser mit ausgewählten „Empfehlungen" in dem beobachteten Zeitraum jährlich Verluste von durchschnittlich 0,4 Prozent gebracht hatte, hatte der amerikanische Börsenmarkt jedes Jahr zweistellige Kursgewinne erzielt.

Drittens: Vom 3. August bis zum 3. September 1993 veranstaltete die schwedische Zeitung „Expressen" einen bislang einzigartigen Prognosetest. Zwei unterschiedliche „Analysten"-Gruppen sollten versuchen, aus 10 000 schwedischen Kronen innerhalb des einen Monats so viel Vermögen wie möglich zu machen. Analystengruppe 1 bestand aus fünf erfahrenen und bekannten Wertpapierprofis, „Analysten"-Gruppe 2 bestand aus Ola, einer dreijährigen Schimpansin. Die Profis wählten ihre Gewinneraktien mit aufwendigen Recherchen aus, Ola dagegen warf Dartpfeile auf eine Wand, an der verschiedene Firmenlogos von an der schwedischen Börse notierten Aktiengesellschaften hingen. Manche der so „analysierten" Aktien kamen ins Depot von Ola. Am Ende der vier Wochen, also am 3. September 1993, kam der Tag der Abrechnung. Ola gegen fünf Wertpapierspezialisten. Wer hatte gewonnen? Der beste Analyst kam auf einen Betrag von 11 050 schwedischen Kronen. Ola dagegen konnte stolze 11 542 Kronen als ihr Vermögen vorweisen.

Nach diesen drei Beispielen noch eine kleine Anekdote aus dem Bereich der „Expertenprognosen": Im Juli 1998 stand der DAX bei rund 6 100 Punkten. In der n-tv Telebörse kam ein Experte zu Wort, der lautstark eine rosige DAX-Zukunft beschrieb. Dummerweise fiel der DAX bis Oktober um rund 2 000 Punkte. Als der gleiche Experte vom Juli 1998 erneut in der Telebörse auftrat, äußerte er, dass dieser Kurssturz absehbar gewesen wäre. Schließlich seien bereits im Sommer 1998 die Kurse am Deutschen Aktienmarkt überbewertet gewesen.

Also: Ich bitte Sie um Verständnis, wenn ich Ihnen keine Tipps zu einzelnen Aktien oder Branchen gebe. Sie müssen, um auf Dauer zu gewinnen, Ihre eigenen Hausaufgaben machen. An dieser Grundregel ändert sich nichts. Auch nicht, wenn es in einigen Jahren noch viele Dutzend Bücher mehr gibt mit Titeln wie „Garantierte Börsengewinne durch Bottom-Up-Daytrading" (der genannte Titel ist natürlich frei erfunden). Ihre eigenen Börsenhausaufgaben bleiben das A und O Ihres Erfolges. Mit den in diesem Buch genannten Informationsquellen ist es für Sie ein Leichtes, sich aktuelle Informationen zu Wertpapieren aus dem Internet zu holen. – Übrigens: Auch bei diesem Buch, selbst wenn es für Fortgeschrittene gedacht ist, habe ich Wert darauf gelegt, dass es einfach und verständlich geschrieben ist. Ein gewisses Grundwissen wird jedoch vorausgesetzt, und es wird nicht jeder Fachbegriff erklärt. Wenn Sie jedoch „Gewinnen mit Aktien – Chancen für Einsteiger" gelesen haben, bereits seit einiger Zeit in Aktien investiert und daher mit Sicherheit regelmäßig diverse Börsenmagazine und Zeitschriften wie beispielsweise „Börse Online", „Finanzen", „Euro am Sonntag" und andere gelesen haben, werden Sie problemlos klarkommen (die an dieser Stelle wie auch immer wieder im Folgenden genannten Zeitschriften sind keine persönliche Hitliste und auch keine ausschließliche Empfehlung. Es gibt neben den genannten Zeitschriften auch zahlreiche andere. Alle in diesem Buch vorkommenden Zeitschriften werden frei von jeglichem Interesse genannt.).

Zurück zum Buch: Der Inhalt dieses Buches ist bewusst einfach, ohne einfach zu sein. Ein wenig lehne ich mich hier an den Franziskanermönch William von Ockham an. Willliam lebte im 14. Jahrhundert und stellte seine „Prinzipien der Sparsamkeit" auf. Hinter diesen Prinzipien stand seine Überzeugung, dass man die Dinge einfach halten und vor allem nicht unnötig verkomplizieren solle. William der Sparsame wurde, weil er alles Unnötige sozusagen wegrasierte, auch unter dem Namen „Ockhamscher Rasierer" bekannt. Auf die Börse angewandt gilt das Gleiche: Oft sind es die einfachen Regeln und Prinzipien, die auf Dauer große Anlageerfolge begründen. Die menschliche Natur spielt uns jedoch schnell einen Streich: Es liegt in der Art jedes Spekulanten und Anlegers, Zusammenhänge der Börse zu verkomplizieren, um anschließend mit Stolz vermeintlich eigene oder gar einzigartige Gewinnregeln aufzustellen. Oft erweisen sich diese selbst aufgestellten „Gewinnregeln" als Verlustbringer, und stattdessen haben wieder einmal alte und einfache Börsenregeln ihre Gültigkeit bewiesen.

Meine persönliche Meinung nach über 12 Jahren aktivem Investment ist: Es gibt nur einen einzigen Weg zu langfristigem Anlageerfolg. Den, dass Sie die Vergangenheit studieren, Bücher zum bisherigen Geschehen an der Börse aufmerksam lesen und aus all dem Ihre ganz persönliche Strategie entwickeln. Ich habe mich im Laufe der letzten Jahre mit vielen sehr erfolgreichen Investoren an den Börsen in New York, in Japan und in Deutschland unterhalten. Die erfolgreichen Investoren, die wirklichen Gewinner, die langfristig an der Börse verdienen, verbinden fast ausnahmslos das Hier und Heute mit dem Gestern, kennen die Parallelen und versuchen dann von heute auf morgen zu schließen. Erfolgreichen Investoren gelingt damit eines als wichtigste Voraussetzung für dauerhaften Börsenerfolg: sie orientieren sich an Fakten statt an Emotionen. Sie machen sich ihre eigenen Gedanken und verbinden diese Gedanken mit ihrer eigenen Erfahrung! Von John Junor stammt der Satz „Ein Gramm Gefühl wiegt schwerer als eine Tonne Fakten". Dies gilt auch für die meisten Börsianer.

Die Strategie, faktenorientiert von gestern auf heute und von heute auf morgen zu schließen, ist dabei keineswegs langweilig. Im Gegenteil: Ich verspreche Ihnen, dass Sie auf diesem Weg der Fakten immer wieder auf neue interessante und für Ihren langfristigen Gewinn wichtige Zusammenhänge stoßen werden.

Sollten Sie nach dem Lesen Anregungen oder aus Ihrer Sicht wichtige Änderungswünsche haben, freue ich mich über Ihre Zuschrift. Schildern Sie mir genau, was Sie meinen, was Ihnen geholfen hat und über welche Themen Sie gerne mehr lesen würden.

Nun jedoch wünsche ich Ihnen viel Spaß beim Lesen. Denken Sie daran, das Prinzip Gewinnen lautet: „Tu es jetzt!" Die einzige Chance, mit Aktien ein Vermögen zu machen, ist immer wieder in Aktien zu investieren, es einfach zu tun, Tag für Tag, Woche für Woche und Monat für Monat. Nicht warten – starten!

Ihr

Aktien für Fortgeschrittene

Über Geld spricht man nicht, man hat es.
Paul Getty

Das erste Kapitel besteht aus zwei wichtigen Lektionen: Erstens geht es darum, dass ich Sie vor der Investition in Aktien warnen will, wenn Sie ein ganz bestimmter Typ sind. Insbesondere dann, wenn Sie bereits erste Börsenerfahrungen gesammelt haben, ist diese erste Lektion wichtig. Nicht jeder ist wirklich ein Börsentyp, doch nur wenige, die das nach den ersten Erfahrungen erkennen, handeln entsprechend und kehren der Börse den Rücken (was in diesem Fall jede Menge künftiger Verluste spart!).

In der zweiten Lektion des ersten Kapitels geht es um ein kleines „Aktien-kontra-Renten-Spiel". Mit diesem Spiel möchte ich Sie erstens zusätzlich motivieren, bei Ihrer Geldanlage überwiegend auf Aktien zu setzen. Und ich möchte Ihnen zweitens Argumentationshilfen geben für die sich immer wiederholenden Gespräche mit Freunden, Verwandten und Bekannten, in denen Unwissende Anlegern gegenüber weiterhin stur behaupten, Aktien seien zu riskant.

Welche Geldtypen an der Börse auf Dauer nichts verloren haben

Ja, Sie haben richtig gelesen. Es gibt Anleger, die an der Börse nichts verloren haben. Ob Sie ein solcher Anleger sind oder nicht, können Sie allerdings erst dann zuverlässig beantworten, wenn Sie als fortgeschrittener Börsianer bereits einiges an Börsenerfahrung sammeln konnten. Vorab möchte ich Ihnen erklären, warum mir dieses kurze Kapitel so wichtig ist: Letztlich dient die Geldanlage in Aktien (oder sie sollte es zumindest) der eigenen Vorsorge und dem eigenen Vermögensaufbau. Tatsache jedoch ist, dass mancher Börsianer das Spiel mit den Aktien als eine Art Glücksspiel aufzufassen scheint. Das allein ist nicht schlimm, schlimm ist nur, wenn er es nicht erkennt.

Es gibt Spekulanten, die Aktieninvestitionen offensichtlich lediglich als eine etwas andere Form des Roulettespiels sehen. Es gibt Anleger, die ernsthaft nach wenigen Wochen oder Monaten der Meinung sind, sie könnten mit wenigen Gewinneraktien am Neuen Markt oder mit Daytrading ihren Lebensunterhalt verdienen.

Allein im Sommer 2000 gab es rund 5 000 Daytrader, die versuchten, mehr damit zu verdienen als in ihrem Hauptjob. Nicht wenige Daytrader geben ihren Job auf, um künftig an der Börse zu zocken. Laut amerikanischen Studien scheitert die Mehrzahl dieser hoffnungsvoll beginnenden Daytrader und am Ende steht nicht selten der finanzielle Ruin. Und auch dann, wenn Sie unabhängig von möglichem Daytrading aus persönlichen Gründen dem Zauber der Börse verfallen, seien Sie auf der Hut. Sie werden niemals mit Aktien Probleme lösen, die Sie bereits haben. Im Gegenteil: Sie werden Ihre Probleme vervielfachen.

Wenn Ihr Problem „kein Geld" oder „zu hohe Schulden" lautet, ist für Sie die Börse der falsche Platz. Sicherlich, es kann gut gehen. Doch wenn es auch nur ein einziges Mal richtig schief geht, ist der finanzielle Ruin nahe. Die Schwierigkeit bei allem Gesagten ist die Ehrlichkeit sich selbst gegenüber. Sie werden nur wenige Menschen finden, die in der Lage sind zuzugeben „Für die Börse bin ich zu ungeduldig. Ich mache stets die gleichen Fehler. Ich glaube, Börse ist nichts für mich". Wichtig für Sie ist: Seien Sie ehrlich sich selbst gegenüber. Wenn Sie zu dem Schluss kommen, dass Sie bei Ihren Investitionen in Aktien immer wieder die gleichen Fehler machen, und wenn Sie sich ehrlich eingestehen müssen, dass Sie hoffen, mithilfe einiger dicker Kursgewinne wieder finanziellen Boden zu gewinnen und Ihre Schulden tilgen zu können, sollten Sie besser regelmäßig einen Sparbeitrag in erfolgreiche Investmentfonds investieren.

Fazit: In „Börse Online", Heft 28/2000 gibt Professor Iver Hand, seines Zeichens Psychotherapeut, ein Interview mit der Überschrift „Wer gewinnen muss, hat schon verloren". Diesen Rat möchte ich Ihnen als fortgeschrittenem Börsianer noch einmal ans Herz legen: Wenn Sie jemals merken, dass Sie gewinnen müssen und beispielsweise wegen wirtschaftlicher Schwierigkeiten an der Börse spekulieren und weiter spekulieren wollen, dann werden Sie auf Dauer verlieren. Dann wird Ihnen die Börse kein Geld bringen, sondern mit großer Wahrscheinlichkeit Ihr Geld nehmen. Rufen Sie es sich deshalb immer wieder in Erinnerung: Wer gewinnen muss, hat schon verloren. Sie allein haben im Laufe Ihrer ersten Börsenerfahrungen ein ehrliches Gefühl dafür bekommen, ob Sie in der Lage sind, mit Geld, Geduld und Strategie an den verschiedenen Börsen zu investieren. Sie allein wissen, ob Sie wirklich bei der Direktanlage in Aktien bleiben sollten oder ob Aktienfonds für Sie nicht die bessere Wahl wären. Und im Zweifel gilt: Investieren Sie einen Teil Ihrer Spargelder und Ihres bereits vorhandenen Kapitals in erfolgreiche Aktienfonds und mit einem kleineren Teil investieren Sie weiterhin direkt in Aktien.

Das Aktien-kontra-Renten-Spiel – Warum Aktien unschlagbar sind

Als Leser dieses Buches sind Sie bereits ein fortgeschrittener Börsianer. Ich muss Sie also eigentlich nicht mehr von der Geldanlage mit Aktien überzeugen. Dennoch möchte ich mit Ihnen zu Beginn ein kleines Spiel machen. Im Folgenden stelle ich Ihnen zehn Fragen und Sie versuchen, die jeweils richtigen Zahlen zu schätzen. Mit diesem kleinen Spiel schulen Sie Ihr Gefühl für Zahlen als Einstieg zu diesem Buch.

Wer Geld investiert, verfolgt jeweils ein bestimmtes Geldziel. Laut einer Studie des Deutschen Instituts für Altersvorsorge ist das Sparziel Nr. 1, unabhängig vom Alter, eine sorgenfreie Zukunft für sich selbst oder die ganze Familie. Betrachtet man jedoch die bevorzugten Anlagearten der Deutschen, so ergibt sich – nach einer nicht repräsentativen Studie des FINANZ-INSTITUTS in Lahnstein – folgendes Bild:

Sparbuch	70 Prozent	Aktien	20 Prozent
Lebensversicherung	65 Prozent	Aktienfonds	30 Prozent
Bausparvertrag	35 Prozent		

© FINANZ-INSTITUT, Juli 2000

Tatsache ist: Sparbuchsparer sparen sich auf Dauer arm und nicht reich. Das Gleiche gilt auch für all diejenigen, die ausschließlich, wegen vermeintlicher Sicherheit, in festverzinsliche Wertpapiere, also Rentenpapiere investieren. Denn wer sein Geld auf Dauer ausschließlich in Rentenpapieren anlegt, spart sich niemals reich, jedoch – nach Steuern und Inflation – mit Sicherheit arm. Ein immer wieder vorgebrachter Einwand lautet: „Aber was geschieht, wenn die Unternehmen, in die ich investiere, Pleite gehen und mein Geld – angelegt in Aktien – nichts mehr wert ist?" Hierzu gibt es eigentlich nur eine einzige, jedoch wichtige Antwort: Das wichtigste Ziel eines Unternehmens ist es, Gewinn zu erwirtschaften. Ohne Gewinn kann kein Unternehmen existieren. Beteiligen Sie sich also durch Aktien an Unternehmen, bedeutet das, dass Sie von diesem Gewinndenken profitieren. Wenn Sie Ihre Aktien sorgfältig auswählen, Ihr Geld auf unterschiedliche Aktienwerte streuen, dann nehmen Sie automatisch teil an diesem Gewinnstreben. Dass Aktien langfristig gesehen in der Vergangenheit allen anderen Geldanlagen überlegen waren, zeigen die Zahlen im folgenden Spiel. Dafür liegt der Zeitraum zwischen 1949 und 1992 zugrunde (Quelle: Ralf Conen, Deutsche Bank). Die Entwicklung ist über 1992 hinaus bis heute die gleiche.

Wie schon gesagt, Sie gehören als Leser dieses Buches zu den fortgeschrittenen Börsianern mit jeder Menge an Börsen-Know-how. Und doch verspreche ich Ihnen: Die Antworten werden auch Sie noch überraschen. Und ein letzter Grund für diese kleine gemeinsame Übung zu Beginn: Auch fortgeschrittene Börsianer diskutieren immer wieder in Gesprächen mit Freunden und Verwandten, die nach wie vor auf festverzinsliche Wertpapiere schwören, über die Vorteile der Aktienanlage. Ich bitte Sie, aus meiner eigenen Erfahrung zu Beginn meiner Aktieninvestitionen, um einen kleinen Gefallen: Wenn Sie wieder nicht erklären können, wieso Sie bei Ihrem privaten Vermögensaufbau auf Aktien setzen, und Ihr Gesprächspartner schlichtweg die Vorteile der Geldanlage in Aktien verneint, dann legen Sie ihm ebenfalls die folgenden Fragen vor und lassen Sie Ihren Gesprächspartner die fehlenden Zahlen ergänzen. Oder Sie lesen ihm einfach eine Frage nach der anderen vor und bitten ihn jeweils um seine Antwort. Genießen Sie es, wie sehr sich Ihr Gegenüber verschätzen wird.

Eines kann ich Ihnen garantieren: Nach diesem Frage- und Antwortspiel werden Sie künftig jede Diskussion gewinnen, in der es darum geht, welche der beiden Anlageformen, Aktien oder Rentenpapiere, die Gewinn bringendste ist.

Hier die Fragen:

1. Um Ihr Vermögen zu verdoppeln, brauchten Sie real (nach Inflation) wie viel Jahre?

Aktien: ____ Jahre
Rentenpapiere: 22,1 Jahre

2. Um Ihr Vermögen zu verdoppeln, brauchten Sie real und nach Steuern wie viel Jahre?

Aktien: 8,8 Jahre
Rentenpapiere: ____ Jahre

3. Aus 1 Mark Anlage wurden real (nach Inflation) wie viel Mark?

Aktien: ____ Mark
Rentenpapiere: 4 Mark

4. Aus 1 Mark Anlage wurden real und nach Steuern wie viel Mark?

Aktien: ____ Mark
Rentenpapiere: 0,9 Mark

5. Für ein Endvermögen von 1 Million Mark mussten Sie real (nach Inflation) wie viel investieren?

Aktien: _____ Mark
Rentenpapiere: 270 000 Mark

6. Für ein Endvermögen von 1 Million mussten Sie real und nach Steuern wie viel investieren?

Aktien: _____ Mark
Rentenpapiere: 1 008 000 Mark

7. Bei 10 000 Mark Sparleistung pro Jahr benötigten Sie real (nach Inflation) wie viel Jahre, um ein Endvermögen von 1 Million Mark zu besitzen ?

Aktien: ____ Jahre
Rentenpapiere: 46 Jahre

8. Bei 10 000 Mark Sparleistung pro Jahr benötigten Sie real und nach Steuern wie viel Jahre, um ein Endvermögen von 1 Million Mark zu besitzen ?

Aktien: ____ Jahre
Rentenpapiere: 110 Jahre

9. Die Rendite pro Jahr lag real (nach Inflation) bei ...

... Aktien: ____ Prozent
... Rentenpapieren: 3 Prozent

10. Die Rendite pro Jahr lag real und nach Steuern bei ...

... Aktien: ____ Prozent
... Rentenpapieren: - 0,09 Prozent

Im Folgenden verrate ich Ihnen die Lösung. Vergleichen Sie sie mit Ihren Antworten.

1. Aktien 8,5 Jahre
2. Rentenpapiere keine Angabe

Anmerkung: Für alle Besitzer von Rentenpapieren bedeutet das, dass sich bei der Investition in Rentenpapiere im Zeitraum zwischen 1949 und 1992 das investierte Kapital niemals verdoppelt hat. Rentenpapier-Sparer haben sich somit auf Dauer arm gespart.

3. Aktien 55 Mark
4. Aktien 30 Mark
5. Aktien 34 000 Mark
6. Aktien 38 000 Mark
7. Aktien 28 Jahre
8. Aktien 29 Jahre
9. Aktien 13 Prozent
10. Aktien 12 Prozent

Zu diesen Zahlen passt: „Geld allein macht nicht glücklich, man muss es aber haben!"

Wenn Sie also auf Dauer Geld haben (besitzen) und ein großes Vermögen aufbauen wollen, ist die Geldanlage in Aktien ein Muss. Insbesondere dann, wenn Sie bereits die ersten Erfahrungen mit Gewinn und Verlust an der Börse sammeln konnten, sollten Ihnen diese Zahlen – zusätzlich zu den von Ihnen (hoffentlich) bislang erzielten Gewinnen – noch einmal zeigen, dass Sie auf dem richtigen Weg sind. Langfristig ist die Geldanlage in Aktien unschlagbar und der Anlage in Rentenpapieren überlegen.

Fundamentale Analyse für Fortgeschrittene

Aktionäre sind dumm und frech. Dumm, weil sie Aktien kaufen, und frech, weil sie dann noch Dividende haben wollen.
Carl Fürstenberg

In „Gewinnen mit Aktien-Chancen für Einsteiger" sind einige grundlegende Prinzipien der fundamentalen Analyse beschrieben – Begriffe wie Kurs-Gewinn-Verhältnis, Kurs-Cash-Flow-Verhältnis, Kurs-Buchwert-Verhältnis, innerer Wert und anderes mehr. Im Folgenden geht es mir darum, mich mit Ihnen in zwei Kapiteln über für Ihren dauerhaften Börsenerfolg wichtige Besonderheiten zur fundamentalen Analyse auszutauschen, also ergänzend und vertiefend zu meinem oben genannten Buch für Einsteiger.

Wann Aktien gefragt sind und wann Zinspapiere

Wenn die Zinsen steigen, wird Kapital teurer und die Aktienkurse sinken. Sinken dagegen die Zinsen, wird Kapital billiger. Infolgedessen wird mehr investiert, durch das größere Wachstum steigen die Gewinnaussichten und damit die Aktienkurse. So weit, so gut – dieses Prinzip habe ich wie jeder andere Börsenautor in meinem Buch für Einsteiger beschrieben.

In der Praxis ist diese einfache Regel jedoch schwieriger umzusetzen. Als fortgeschrittener Börsianer ist es für Sie wichtig, die folgenden Einzelheiten zu erfahren:

Wer sich nach dieser einfachen Regel richtete, hätte nach Mitte 1999 aus Aktien aus- und in Zinspapiere einsteigen müssen. Denn seit Mitte 1999 stiegen die Zinsen, also die so genannte Umlaufrendite, sukzessive vom Tiefstkurs 3,5 Prozent. Eigenartig war nur, dass der DAX, also der Deutsche Aktienindex, seit Mitte 1999 bis Frühjahr 2000 ebenfalls um rund 40 Prozent stieg. Es sah fast so aus, als sei die alte Regel „steigende Zinsen = fallende Aktienkurse" außer Kraft gesetzt.

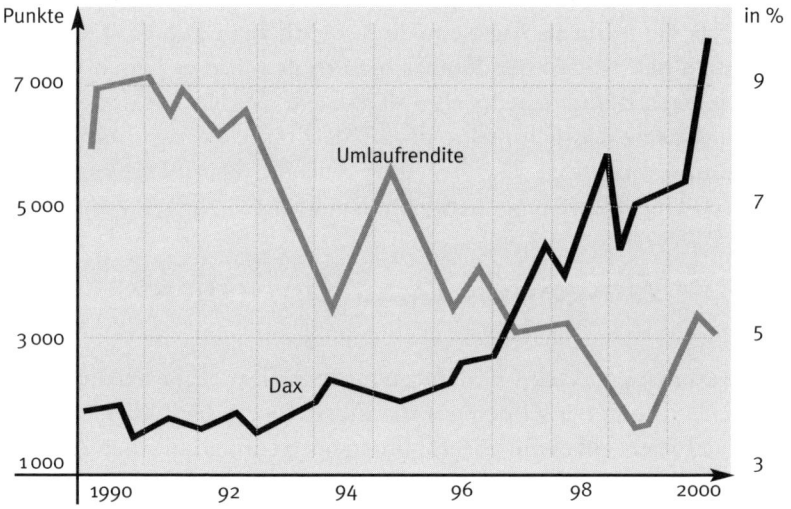

Quelle: „Focus-Money", 19/2000, Seite 125; Daten: Datastream

Nehmen wir als weiteres Beispiel das Jahr 1994. In diesem Jahr stiegen die Zinsen, also auch hier wieder die Umlaufrendite, von 5 auf knapp 8 Prozent. Anleger, die in diesem Jahr wegen steigender Zinsen auf fallende Aktienkurse setzten, lagen goldrichtig. Der DAX verlor zeitweise über 20 Prozent.

Was ist nun der Unterschied zum Zeitraum 1999 bis 2000 und worauf sollten Sie als Anleger achten? Die Zahlen der Vergangenheit zeigen, dass es einer bestimmten Veränderung des Zinsniveaus bedarf, bis die Investoren an den Börsen reagieren. Die Zinsgrenze, bei der die Regel „steigende Zinsen = fallende Aktienkurse" oder „sinkende Zinsen = steigende Aktienkurse" eintritt, liegt zwischen 6 und 7 Prozent.

EXPERTENTIPP

Wenn der Zinstrend dreht, warten Sie eine gewisse Zeit ab, wie stark die Veränderung ausfällt. Der Zeitraum zwischen 1999 und 2000 zeigt deutlich, dass nicht bei jeder Zinserhöhung die Aktienkurse sinken, sondern dass die Zinsveränderung ein bestimmtes Maß erreichen muss. Dieser Korridor der Anlegertoleranz für steigende Zinsen ist in den vergangenen zehn Jahren breiter geworden, da die Aktie als Anlagemedium deutlich an Popularität gewonnen hat. Mit Aktien konnte man in den letzten Jahren immerhin je nach Branche mehr als 400 Prozent Wertentwicklung erreichen. Das ist deutlich mehr, als es jede Zinsgeldanlage in diesem Zeitraum vermochte. Das bedeutet: Anleger zögern bei steigenden Zinsen länger, bis sie schließlich aussteigen.

Zinsgewinner und Zinsverlierer

In „Gewinnen mit Aktien – Chancen für Einsteiger" habe ich die grundlegende Wirkung der Zinsen auf die Entwicklung der Aktienkurse beschrieben. Jetzt geht es mir darum, Ihnen noch einmal auf einen Blick die typischen Branchen für Zinsgewinner und Zinsverlierer zu nennen. Damit sind Sie bestens vorbereitet, wenn die Zinsen wieder einmal entscheidend steigen oder fallen.

Zinsgewinner

1. Tabakindustrie

Zahlreiche Unternehmen der Tabakindustrie, darunter im Spitzenfeld *Philip Morris* und *British American Tobacco*, gehörten in der Vergangenheit zu den Unternehmen, die hohe Dividenden zahlten. Solche Unternehmen mit hohen Dividendenzahlungen sind und bleiben trotz steigender Zinsen bei Anlegern beliebt. Die Entwicklung der Vergangenheit zeigt: Dividendenstarke Titel waren oft in/nach Zeiten spürbarer Zinssteigerung die Gewinner.

2. Gastronomie

Diese Branche ist typisch für Kurssteigerungen trotz hoher/steigender Zinsen. Der bekannteste Vertreter ist sicherlich *McDonald's*, gefolgt von den ebenfalls amerikanischen Franchiseketten *Starbucks* und *Wendy's*.

3. Einzelhandel

Einer der bekanntesten Werte ist sicherlich *Wal Mart*, die größte Einzelhandelskette der Welt. Sam Walton gründete *Wal Mart* erst 1962 in Rogers/Arkansas, heute sind es bereits über 4 000 Filialen. Das Ausland wurde erst mit Beginn des Jahres 1991 erobert, im Jahr 2000 lernte auch so manches alteingesessene deutsche Unternehmen, sich vor dem Expansionskurs von *Wal Mart* zu fürchten. Eines der Hauptmittel: aggressive Preispolitik. *Wal Mart* ist im Übrigen meines Erachtens eine der besten Aktien der Welt. Wie auch immer: Ob die Zinsen steigen oder nicht, ob sie hoch sind oder eher tief, der Einzelhandel leidet nur selten und bleibt damit – zinsunabhängig – eine Kaufbranche.

4. Konsumgüter

Ob den privaten Haushalten viel oder wenig Geld zur Verfügung steht, ob tiefe, steigende oder hohe Zinsen: Auf die reinen Konsumgüter will kaum jemand verzichten. Für Investoren sind die Marktführer der Konsumgüterindustrie also bestens geeignet.

Zinsverlierer

1. Automobilindustrie

Die Mehrzahl der Autokäufe geschieht auf Kredit oder durch Leasing. Diese Art der Finanzierung bedeutet auch: Steigende Zinsen kommen den Autokäufern teuer zu stehen. Jedes Prozent mehr bedeutet weniger Geld in der Haushaltskasse.

2. Bauindustrie

Noch stärker als in der Automobilindustrie schlagen in der Bauindustrie steigende oder hohe Zinsen zu Buche. Das ist einleuchtend: Denn ob Sie Ihr Eigenheim zu 5 Prozent effektiv oder – sagen wir – zu 8 Prozent effektiv finanzieren müssen, macht sich im Jahr schnell mit einigen zusätzlichen Tausend Mark mehr oder weniger bemerkbar. Daher ist es kaum verwunderlich, wenn die Aktien von Unternehmen der Bauindustrie grundsätzlich unter Zinserhöhungen oder hohen Zinsen besonders zu leiden haben.

3. Verpackungsindustrie
Neben den in Zeiten steigender oder hoher Zinsen stets gekauften Konsumgütern gibt es noch eine Reihe zusätzlicher Güter, in Einzelfällen auch berechtigt Luxusgüter genannt. Hier gilt: Wird das Geld aufgrund steigender oder hoher Zinsen teuer und daher knapp, werden über die reinen Konsumgüter hinaus weniger Güter gekauft – mit der Folge, dass der Verpackungsbedarf (erheblich) zurückgeht. Werte der Verpackungsindustrie zählen folglich rasch zu den Verlierern im Falle steigender oder hoher Zinsen.

4. Aluminium- und Stahlindustrie
Wie oben beschrieben, leiden unter steigenden oder hohen Zinsen insbesondere auch die Werte der Automobil- und der Bauindustrie. Je weniger Autos hergestellt werden und je weniger Immobilien gebaut werden, desto geringer ist die Nachfrage bei Unternehmen der Aluminium- und der Stahlindustrie. Sinkende Nachfrage bedeutet schnell sinkende Gewinne.

Achtung:
High-Tech-Branche (New Economy)
Viele junge Unternehmen, insbesondere aus den Bereichen Internet und Biotechnologie, erwirtschaften noch keine Gewinne. Das Eigenkapital ist niedrig, die Fremdkapitalbelastung ist noch vergleichsweise hoch. Steigen die Zinsen für die notwendige Finanzierung, so reagieren diese Titel äußerst empfindlich – so auch zum Beispiel März bis April 2000.

Nachteile der fundamentalen Analyse

So sehr Sie sich – auch als fortgeschrittener Börsianer – darum bemühen werden, eine Aktie oder mehrere Aktien fundamental zu analysieren, es wird Ihnen – und das ist der entscheidende Nachteil der Fundamentalanalyse – niemals vollständig gelingen. Hierfür gibt es mehrere Gründe. Warum ich Ihnen diese Gründe nenne, hat einen einfachen Grund: Immer wieder treffe ich auf Anleger, die nahezu alles und jedes analysieren wollen. Sie denken, sie verschaffen sich damit Sicherheit. Eines kann ich Ihnen jedoch sagen: Es gibt diese endgültige Sicherheit nicht. Was Sie deshalb brauchen, ist ein gutes Gefühl, ein Gespür für wesentliche Entwicklungen.

Selbst dann, wenn Sie alles in Ihrer Zeit Mögliche tun würden, um fundamentale Einflussfaktoren zu erfassen, hat die fundamentale Analyse Nachteile, die Sie einfach kennen sollten:

● Die meisten Fundamentaldaten sind längst veraltet, wenn Sie die Daten erhalten. Dies trifft insbesondere auch auf die Bilanzen von Unternehmen zu. Hierzu ein passender Spruch beziehungsweise eine Definition von „Bilanz", die ich immer wieder in meinen Seminaren nenne: „Bilanz bezeichnet eine immer teurere und aufwendigere Methode, möglichst wenig über ein Unternehmen mit möglichst schönen Worten und viel versprechenden Zahlen zu sagen."

● Selbst dann, wenn Sie über topaktuelle Fundamentaldaten aus geheimsten Quellen verfügen, ist die Zahl der Fundamentaldaten, die Sie nicht kennen und die für Ihre Entscheidung wichtig wären, viel zu groß, als dass Ihre Entscheidung richtig sein muss.

● Angenommen, Sie würden tatsächlich alle fundamentalen Einflussfaktoren kennen, und ferner angenommen, Ihre Informationen wären allesamt (was eine Illusion ist) topaktuell, müssten Sie dennoch selbst entscheiden, welchen fundamentalen Einflussfaktor Sie in welchem Maß gewichten.

● Selbst dann, wenn Sie alle Informationen haben, diese topaktuell sind und Sie sogar in der Lage sind, den einzelnen Einflussfaktoren das richtige Gewicht zu geben, fehlt der wichtigste Aspekt, der alle Ihre fundamentalen Überlegungen und Schlussfolgerungen wieder zunichte machen kann: Börsenpsychologie! Denn letztlich entscheidet die Masse der Marktteilnehmer, ob mehr gekauft oder mehr verkauft wird. Die Masse jedoch richtet sich wiederum nicht nach fundamentalen Einflussfaktoren, was wiederum die gesamte Vorarbeit Ihrer möglichen, akribisch durchgeführten Fundamentalanalyse als unsinnig erscheinen lässt. Eine alte Börsenweisheit lautet nicht von ungefähr: „Der Markt hat immer Recht!"

Dass dem so ist, zeigen insbesondere die Phasen der Kursübertreibungen. Würden Börsianer mehrheitlich rational, auf der Grundlage fundamentaler Daten ihre Kauf- und Verkaufsentscheidungen treffen, gäbe es keine Zeiten, in denen sich die Aktienkurse über Monate, manchmal über Jahre von jeder fundamentalen Betrachtung und von jeder „fairen" Bewertung entfernen. Und gerade in diesen Zeiten der Kursüber- oder -untertreibungen wird deutlich, dass sich trotz aller rationaler, fundamentaler Daten die Gesamtheit des Wissens in einer einzigen „Kennzahl" bündelt. Sie erraten, um welche Kennzahl es sich handelt? Um den jeweils aktuellen Aktienkurs. Der jeweils aktuelle Aktienkurs ist das Endergebnis eines jeden Tages der beiden entscheidenden Börsenkräfte Angebot und Nachfrage.

Sie können das Ganze hervorragend mit einer Immobilienversteigerung vergleichen. Dazu folgende Geschichte, die sich tatsächlich bei einem meiner Besuche einer solchen Versteigerung zugetragen hat. Zur Versteigerung stand eine wunderschöne, sehr alte Villa. Bei der Versteigerung anwesend waren zahlreiche Personen. Einer der Herren wollte diese Villa unbedingt ersteigern. Immer wieder hielt er Rücksprache mit einem Experten für alte Immobilien und Denkmäler. Dieser erläuterte ihm fundamental die wichtigsten Entscheidungsfaktoren, nach denen sich der Preis der Villa richtete. Neben dem Herren boten zwei weitere Personen mit. Diese beiden Personen schienen offensichtlich regelrecht verliebt in die Villa zu sein. In einer ruhigen Minute erzählte mir eine von beiden – eine sehr gut aussehende Mitvierzigerin –, dieses Haus sei ihr Traumhaus und sie würde es für jeden Preis ersteigern. Und sie schwärmte von den hohen Decken, dem großen Park, dem alten Baumbestand.

Was meinen Sie, wer das Haus ersteigerte? Der Herr, der sich mit seinem „Berater" auf die fundamentalen Daten stützte, oder einer der beiden Personen, darunter die Mitvierzigerin, die das Haus aus ihren Emotionen heraus unbedingt besitzen wollten. Die Antwort liegt auf der Hand: Die Psychologie, die Emotion siegte. Das Haus wurde zu einem weitaus überhöhten Preis an die überaus glückliche Mitvierzigerin versteigert. Auch hier gilt: Die fundamentalen Daten bestimmen nur solange den Preis bei einer Versteigerung, solange niemand aus anderen Gründen mitbietet. Geschieht das, bestimmt die Nachfrage, die Emotion und zum Teil die Psychologie den Preis. Nicht anders ist es an der Börse, wo allerdings jeden Tag Millionen von Menschen mit ihrem Verkaufangebot auf Millionen von Menschen mit einem Kaufangebot treffen.

Was allerdings bleibt ist das, was André Kostolany stets damit meinte, wenn er sagte, zu dauerhaften Börsengewinnen würden in jedem Fall Gedanken gehören – also eigene, auch auf fundamentalen Einflussfaktoren aufbauende, in die Zukunft reichende Gedanken, die dann durchaus aus fundamentaler Sicht langfristig einen klaren Gewinn versprechen. In diesen Fällen brauchen Sie sich tatsächlich nicht um die technische Analyse zu kümmern. Denn wenn Sie mit eigenen Gedanken und auf der Grundlage zuverlässiger Informationen in ausgewählte Aktien investieren, um langfristig zu gewinnen, helfen Ihnen kein Chart und kein technischer Indikator bei dieser Entscheidung.

Eine der faszinierendsten Geldgeschichten zum Thema „Aktienspekulation mit richtigen Gedanken" hörte ich vor etwa zehn Jahren anlässlich einer Kostolany-Veranstaltung live von ihm selbst. Bei dieser Geschichte ging es um seine Spekulation mit den Aktien von *Isotta-Fraschini*, einer italienischen Autofirma. Diese Geschichte spielt in der Zeit kurz nach dem Zweiten Weltkrieg. Italien war in der glücklichen Lage, selbst keine großen Kriegsschäden im Zweiten Weltkrieg erlitten zu haben, die meisten Fabriken waren völlig intakt und konnten arbeiten. Kurze Zeit später blühte die italienische Textilindustrie, die Mailänder Börse erlebte ihre Wiedergeburt und die benötigten Rohstoffe für die Industrieproduktion bezog Italien problemlos aus den USA. Als Kostolany nach einiger Zeit aus den USA wieder nach Europa zurückkehrte, fragte er bei einem Mailänder Börsenmakler nach, ob es sich noch lohnen würde, Aktien italienischer Unternehmen zu kaufen. Der Makler verneinte und sagte, es sei zu spät, die Kurse an der Mailänder Börse seien bereits zu stark gestiegen.

Kurze Zeit darauf las Kostolany – nach seinen Worten – eine interessante Zeitungsnotiz: *Kaiser-Frazer*, ebenfalls eine italienische Autofirma, hatte einen Auftrag über die Lieferung von hunderttausend Motoren erhalten. Der Auftraggeber: Fiat in Turin. Jetzt kam der Zeitpunkt für die „richtigen Gedanken", von denen Kostolany stets sprach. Nach dem Erfolg der Textilindustrie, so sagte er sich, könnten sich der Erfolg und das Wirtschaftswachstum in Italien auf die Automobilbranche übertragen. Daraufhin erkundigte sich Kostolany bei seinem Makler nach der schlechtesten (!) Automobilaktie. Der Makler dachte zunächst, er habe Kostolany falsch verstanden, bis ihm dieser noch einmal bestätigte, dass er wirklich die schlechteste Automobilaktie wissen wolle. Das Ergebnis: *Isotta-Fraschini*. Die Firma stand kurz vor dem Bankrott, der Aktienkurs betrug lediglich 150 Lire. Kostolany kaufte ein großes Aktienpaket und verabschiedete sich aus Mailand. Nach einigen Monaten rief er bei seinem Makler an und erfuhr von diesem, dass der Kurs von *Isotta-Fraschini* zwischenzeitlich auf 450 Lire gestiegen sei. Statt – wie viele Menschen – Gewinne zu begrenzen, ließ Kostolany die Gewinne weiter laufen und kaufte sogar bei 450 Lire noch nach. Als er verkaufte, stand der Aktienkurs von *Isotta-Fraschini* bei stolzen 1 500 Lire. Mit Geld, Geduld, aber vor allem den richtigen Gedanken hatte Kostolany ein Vermögen gemacht.

Dieses Beispiel zeigt, wo die Grenzen jeder technischen Analyse liegen und wo letztlich die Kombination aus Gedanken und fundamentaler Analyse oder besser noch fundamentalen Kenntnissen unschlagbar ist. Für solche Investitionen brauchen Sie jedoch das richtige Gespür und das wiederum bekommen Sie nur nach einigen Jahren Börsenpraxis.

Value-Aktien – Der etwas andere 7-Punkte-Check für „Fundamentalisten"

Im Folgenden möchte ich Ihnen einen 7-Punkte-Check für so genannte Value-Aktien vorstellen. Value-Aktien sind Aktien solcher Unternehmen, bei denen es einen ganz bestimmten Firmenwert gibt und sozusagen aus fundamentaler Sicht große Aussicht auf künftige Gewinne besteht. Ob es diesen Firmenwert gibt, können Sie mithilfe der folgenden Checkliste einigermaßen zuverlässig selbst beurteilen.

CHECKLISTE FÜR VALUE-AKTIEN

- Ist der Name eine starke und bekannte Marke?
- Zählt das Unternehmen aufgrund seiner Marktstellung zu den Marktführern?
- Spricht die Unternehmenskommunikation für ein aktionärsfreundliches Management?
- Ist der Markt groß genug für ein kontinuierliches Gewinnwachstum?
- Sind die Produkte/Dienstleistungen des Unternehmens leicht verständlich?
- Ist die Eigenkapitalquote hoch genug?
- Ist das Unternehmen möglichst gering verschuldet?

© Bernd W. Klöckner, Quelle: „Die Telebörse", 24/2000

Versuchen Sie künftig fundamentale Wirtschaftskenntnisse mit dieser 7-Punkte-Checkliste zu verbinden. Wenn Sie nicht sicher sind, wie Sie solche Fragen beantworten sollen, möchte ich Ihnen entgegnen: Wenn Sie auf Dauer gewinnen wollen, müssen Sie sich die Mühe machen, solche Fragen beantworten zu können.

Technische Analyse für Fortgeschrittene

Das wenigste, das man liest, kann man brauchen; aber das meiste, das man braucht, hat man gelesen.
Ernst R. Hauschka

In „Gewinnen mit Aktien – Chancen für Einsteiger", ging es auf einigen wenigen Seiten um Grundsätzliches zur technischen Analyse von Aktien. In diesem Buch für Fortgeschrittene geht es mir um Insider-Know-how für all diejenigen unter Ihnen, die sich noch nicht zu den technischen Vollprofis zählen. Es geht darum, auf welche Kriterien Sie bei der technischen Analyse achten müssen, wie diese Kriterien berechnet werden und was bei der Interpretation zu berücksichtigen ist. Es geht auch darum, wie Sie die Meldungen zur Chartanalyse in der Wirtschaftspresse überhaupt verstehen können. Im Folgenden einige Beispiel aus „Focus-Money" und „Börse Online", die stellvertretend sind für die Berichterstattung in den diversen Wirtschaftsmedien. Die Aussagen klingen häufig markant, doch nur die wenigsten wissen, was sie genau bedeuten.

„Steigt der Dow Jones über 10 700 Punkte, wäre der kurzfristige Abwärtstrend geknackt, die Aussichten wären positiv ..." („Börse Online", 28/2000, Seite 33)
    „Dafür spricht nicht nur, dass der DAX knapp über der Unterstützung bei 6 800 Punkten nach oben drehte und stark überverkauft ist, sondern auch, dass sich der steigende 200-Tages-Durchschnitt langsam, aber sicher dem Index nähert ..." („Börse Online", 28/2000, Seite 33)
    „Was besonders Mut macht: Die MACD gibt ein klares Kaufsignal, und auf diesen Indikator ist Verlass" („Focus-Money", 28/2000, Seite 104)

„Doch noch heulen die Alarmsirenen nicht. Der DAX hat seine Spitze im März erreicht. Und das mit Ansage, denn die ROC stieg damals über 50 Prozent – ein zuverlässiges Signal, um dem Markt leise Servus zu sagen ..." („Focus-Money", 28/2000, Seite 104)

Kein Wunder, dass bei solchen Formulierungen der gewieften Charttechniker so mancher vor lauter unbekannten MACD, ROC, gleitenden Durchschnitten (wer gleitet hier wohin?) und geknackten Abwärtstrends nur noch „Bahnhof" versteht. Dabei ist der Durchblick keine große Kunst. Letztlich sind dies alles Versuche, mittels bestimmter Berechnungen Trends zu erkennen und Kursentwicklungen vorherzusagen.

Bevor wir nun zu den einzelnen Erklärungen kommen, vorab einen Musterchart, der uns freundlicherweise von Datastream zur Verfügung gestellt wurde. (Die Firma Datastream finden Sie immer wieder als Quelle, wenn in den verschiedenen Wirtschaftsmagazinen Charts, Tabellen oder Grafiken abgebildet werden.) In dem folgenden Musterchart finden Sie in einer Darstellung die wesentlichen Indikatoren, über die wir auch im Folgenden sprechen werden (siehe auch nächste Seite).

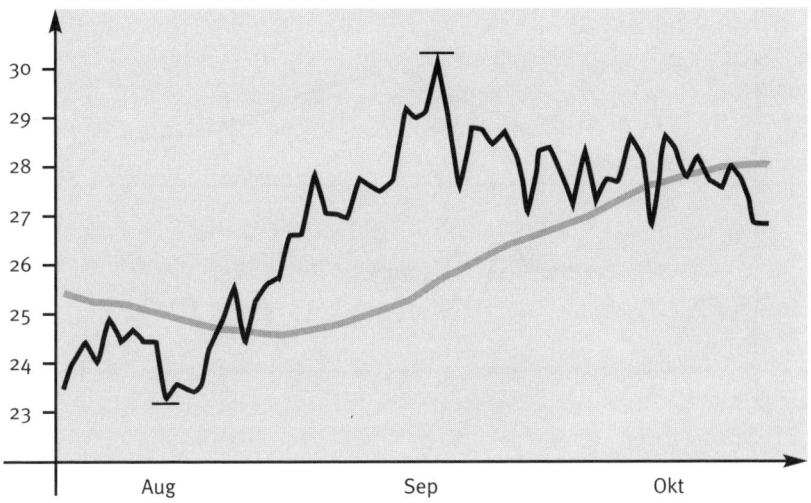

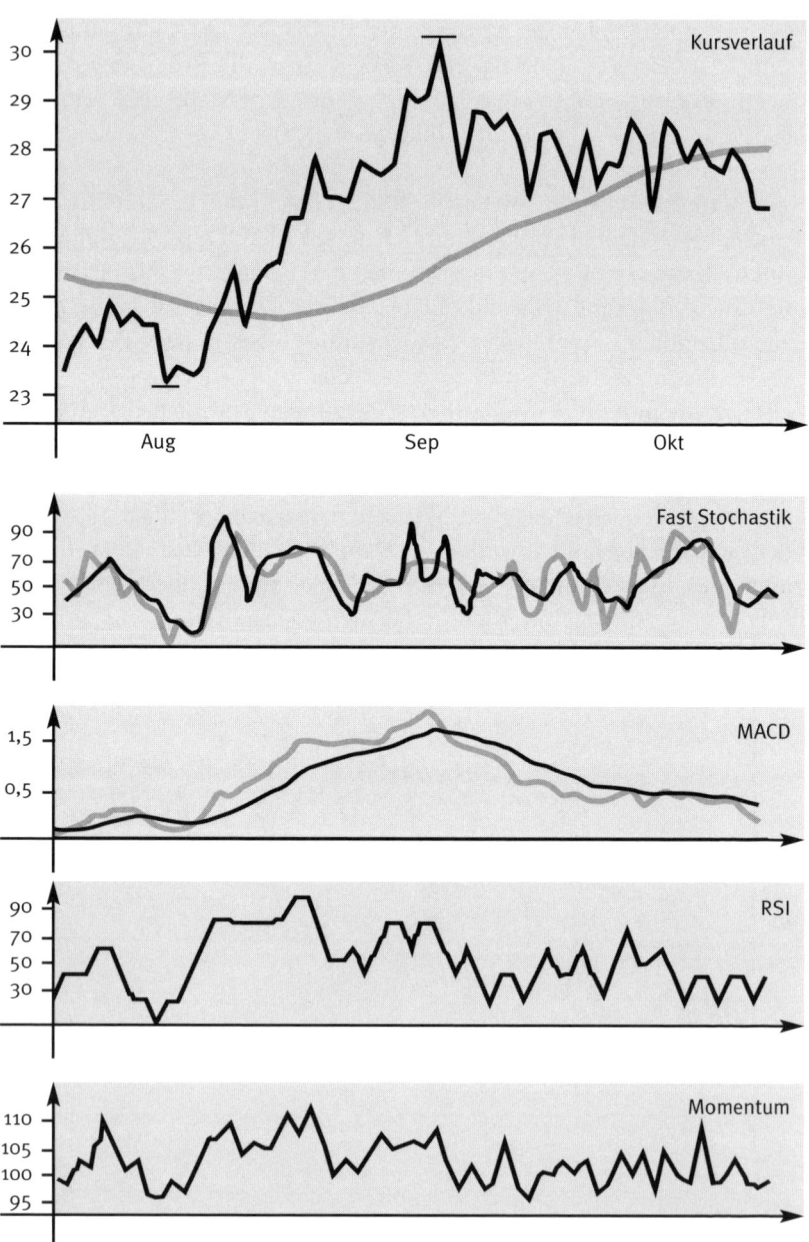

Wenn Sie die folgenden Seiten durchgearbeitet haben, werden Sie selbst feststellen, dass die Analyse von Aktienkurstrends mittels solcher Kriterien sehr sinnvoll sein kann. Sie erhalten in einzelnen Situationen durchaus wichtige Anhaltspunkte für Ihre persönliche Anlageentscheidung, wobei auch diese technische Analyse keine Gewähr für Kursgewinne bietet. Und bis heute ist das Lager der Börsianer zweigeteilt: in die einen, die der technischen Analyse jeglichen Sinn absprechen, und in die anderen, die auf die Prognosen mit der Chartanalyse schwören. Bevor es nun losgeht noch eine grundsätzliche Einteilung vorab. Unter allen Indikatoren unterscheiden Profis allgemein in so genannte

● Trendindikatoren und
● Oszillatoren (Indikatoren, mittels deren Aussage getroffen werden kann, wie stark ein Markt/eine Aktie gestiegen/gefallen ist).

Beispiele für Trendindikatoren:
● Gleitende Durchschnitte
● MACD

Beispiele für Oszillatoren:
● Momentum
● Relative Stärke Index
● Stochastik-Indikatoren

Bitte beachten Sie: Im Kapitel „Börse-online-Special" finden Sie aus der Praxis für die Praxis, wie Sie über das Internet hervorragende Möglichkeiten haben, diese Charttechniken für Ihre Aktieninvestition zu nutzen. Dabei führe ich Sie sozusagen aus der Sicht des Investors durch die verschiedenen Anbieterseiten. Sie erfahren, welche Anbieter aktuell gute Chartseiten bieten. In der Natur des Internets liegt es, dass sich einige Adressen bis zum Erscheinen des Buches geändert haben können.

Durchschnittslinien
und gleitende Durchschnitte

Durchschnittslinien sind Trendfolgeindikatoren. Es handelt sich um geglättete Linien bzw. um eine sozusagen geglättete Datenlinie. Die Glättung ergibt sich, indem aus einer bestimmten Datenmenge der Durchschnitt gebildet wird. Ist von einem 50-Tages-Durchschnitt die Rede, bedeutet das, dass die Schlusskurse der letzten 50 Tage addiert werden und die Summe durch die Anzahl der Einzelwerte, hier also 50, geteilt wird. Damit ist klar: Wenn selbst bei einer volatilen Aktie die Kurse extrem hin und her schwanken, wird dieser schwankende Kurs durch die Durchschnittslinie geglättet.

Die Bezeichnung „gleitend" kommt daher, dass durch diese Berechnungsmethode der Durchschnittskurs jeden Tag einen Tag nach vorne gleitet. Je kürzer die Datenlinie gewählt wird, desto enger verläuft dieser Durchschnitt mit dem Verlauf des Aktienkurses. Je länger die Datenlinie gewählt wird, desto weiter entfernt vom Chart des Aktienkurses verläuft die Durchschnittslinie. Das bedeutet aber auch: Durchschnittslinien auf der Basis großer Datenmengen (z. B. 200-Tage-Durchschnitte) reagieren weniger empfindlich auf Kursschwankungen als solche Linien auf der Basis kleinerer Datenmengen (z. B. 20-Tages-Durchschnitt). Die Durchschnittsbildung kann darüber hinaus innerhalb einer Datenmenge unterschiedlich sein. So gibt es linear gewichtete wie auch expotenziell geglättete, gleitende Durchschnitte.

Hierauf möchte ich im Rahmen dieses Buches nicht weiter eingehen, sondern nun vielmehr darauf zu sprechen kommen, wie Sie die gleitenden Durchschnittslinien für Ihre Aktienanalyse einsetzen können. Hierzu gibt es verschiedene Anwendungsmethoden:

Die einfachste Methode ist die, dass ein Kaufsignal dann gegeben sein soll, wenn der jeweilige Aktienkurs die Durchschnittslinie von unten nach oben durchbricht und über die Durchschnittslinie steigt. Umgekehrt wirkt als Verkaufsignal, wenn der jeweilige Aktienkurs die Durchschnittslinie von oben nach unten durchbricht und unterhalb der Linie bleibt.

In der Presse liest man dann immer wieder – teils auch ohne nähere Erläuterungen der möglichen Fehlsignale -, dass gleitende Durchschnitte als zuverlässiger Ausstiegsratgeber angesehen werden können. So berichtet ein bekanntes Börsenmagazin im August 2000: „Fällt der Kurs signifikant unter den gleitenden Durchschnitt, ist dies ein Ausstiegssignal." Wie unsinnig solche pauschalen Aussagen sein können, ersehen Sie an der folgenden Grafik:

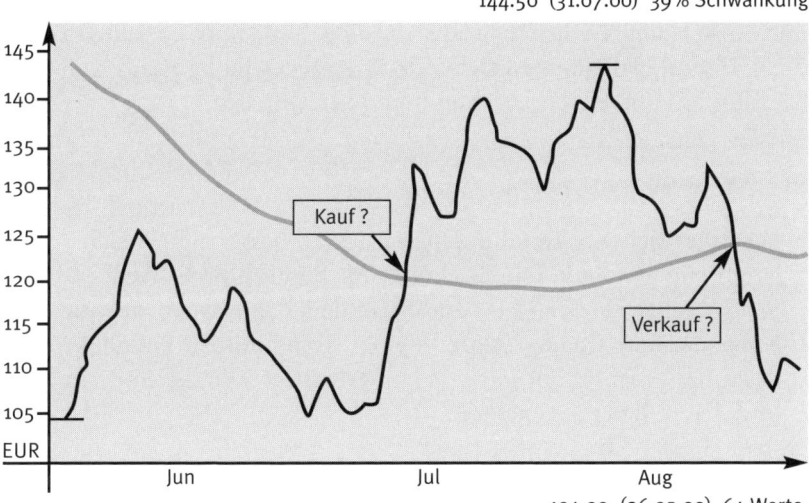

144.50 (31.07.00) 39% Schwankung

104.00 (26.05.00) 64 Werte

Wer sich in diesem Fall „blind" auf den gleitenden Durchschnitt als einziges Handelssignal verlässt und dann kauft, wenn der Kurs signifikant über die Durchschnittslinie steigt oder unter die Durchschnittslinie fällt, verkauft nicht selten zu früh oder kauft erheblich zu spät. In unserem Beispiel der oben gezeigten Grafik wäre das Ergebnis plus/minus null. Gekauft nach „Kaufsignal" Anfang Juli bei einem Kurs zwischen 120 und 125 und verkauft bei einem „Verkaufssignal" Ende August bei einem Kurs zwischen 120 und 125. Hinzu kommt: Wie so oft bleibt die letzte Beurteilung, was denn jetzt ein „signifikanter" Kurssprung oder ein „signifikanter" Kursrutsch ist, dem Leser überlassen. Damit hat zwar die Lektüre des Börsenmagazins in diesem Punkt nichts genützt, aber es sieht zumindest alles nach Profiwissen aus.

Achtung: Bei jeder Aktie gilt es also, den geeigneten Durchschnittswert herauszufinden, also den Durchschnittswert, der nicht zu viele, aber auch nicht zu wenige Kauf- und Verkaufssignale anzeigt. Sie müssen hier verschiedene gleitende Durchschnitte probieren.

Letztlich geht es darum, dass Sie mithilfe der Durchschnittslinien frühzeitig Kauf- oder Verkaufssignale erkennen wollen. Je kürzer der gleitende Durchschnitt, desto häufiger wird die Durchschnittslinie durchkreuzt und umso häufiger müssten Sie demzufolge handeln. Diese sehr kurzfristigen Trendsignale können sich jedoch als teuer (hohe Kauf- und Verkaufskosten) und zudem als irreführend herausstellen.

EXPERTENTIPP

Je stärker sich ein Trend durchsetzt, desto besser eignen sich langfristig gleitende Durchschnitte für die technische Analyse. Je schwächer ein Trend ist und besonders dann, wenn sich die Kurse der betreffenden Aktie in einer Trendumkehr befinden, desto besser ist es, auf kurz- bis mittelfristige Durchschnittslinien und deren Signale zu achten.

Verschiedentlich werden diese gleitenden Durchschnitte miteinander kombiniert und auf diese Weise die Aussagekraft optimiert. Profis sprechen hier auch von der „Double Crossover Methode". So finden Sie beispielsweise in „Börse Online" regelmäßig gleichzeitig den 20-Tage- und den 85-Tage-Durchschnitt abgebildet. Notiert dabei der 20-Tage-Durchschnitt über der 85-Tage-Durchschnittslinie, deutet das auf einen positiven Trend hin, im umgekehrten Fall ist mittelfristig der Trend eher negativ. Bei dieser Technik der Double Crossover Methode, das zeigt die Praxis, laufen die jeweiligen Kauf- und Verkaufssignale zwar dem Trend hinterher (im Klartext: In einer Aufwärtsbewegung verpassen Sie die ersten Kursanstiege und bei einer Abwärtsbewegung werden Sie bereits Verluste einstecken, bevor das Signal zum Ein- oder Ausstieg kommt), letztlich jedoch vermindert sich die Anzahl der Fehlsignale erheblich.

Beispiele für die Double Crossover Methode

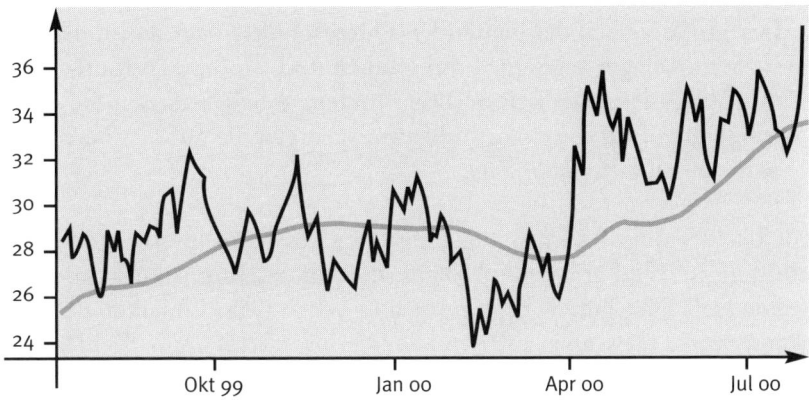

BMW Stammaktien (Quelle: Hoppenstedt)

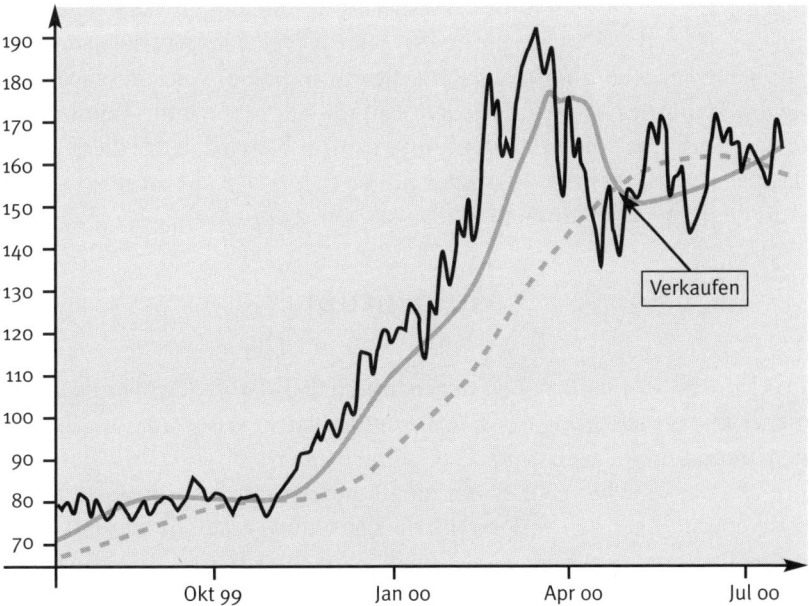

Siemens Stammaktien (Quelle: Börsenverlag)

Der große Vorteil der gleitenden Durchschnitte liegt darin, dass sie dem Anleger sozusagen mit Pauken und Trompeten Kauf- und Verkaufssignale liefern. Das Problem dabei: Verlassen Sie sich lediglich auf diesen einen Indikator, springen Sie auf den bereits sehr schnell fahrenden Zug.

Als klare Kauf- und Verkaufssignale gelten Crossovers nur solange (!), wie ein stetiger Trend gegeben ist. Dann sind Durchschnittslinien hervorragende Helfer für gute Kursgewinne und helfen beim Einhalten der Gewinnerregel: Gewinne laufen lassen, Verluste begrenzen. Werden die Märkte unstet oder geht es eine bestimmte Zeit lang an den Börsen seitwärts mit den jeweiligen Aktienkursen, verschlechtern sich die Ergebnisse nach der Durchschnittsmethode zusehends. Wichtig ist: Sie müssen mit den gleitenden Durchschnitten einmal selbst arbeiten, ihn sich anschauen, die gleitenden Durchschnitte im Internet (vgl. Kapitel „Börse online-Special") variieren und solange mit diesem Indikator spielen, bis Sie ein Gefühl dafür bekommen. In jedem Fall sollten Sie auch die Kombination aus zwei gleitenden Durchschnitten ausprobieren. All das dient dazu, dass Sie ein immer besseres Gespür für die richtigen Kauf- oder Verkaufsentscheidungen bekommen.

Momentum

Das Momentum zählt zu den so genannten Oszillatoren, wobei als Erstes gilt, dass die Bedeutung des jeweiligen Oszillators sich dem grundlegenden Trend unterordnen muss. Das Momentum ist die einfachste Form eines Oszillators. Hier geht es um nichts anderes, als das sozusagen Kursdifferenzen für einen ausgewählten Zeitraum gemessen werden. Mit diesem Momentum geht es also dem Betrachter darum, die Richtung und die Dynamik eines Trends aufzuzeigen. Das Momentum wird berechnet, indem vom aktuellen Kurs einfach der Kurs eines Vortages subtrahiert wird.

Beispiele:
- Ein 30-Tage-Momentum sagt aus, dass vom aktuellen Kurs der Kurs vor 30 Tagen subtrahiert wird.
- Ein 20-Tage-Momentum sagt aus, dass vom aktuellen Kurs der Kurs vor 20 Tagen subtrahiert wird.
- Ein 10-Tage-Momentum sagt aus, dass vom aktuellen Kurs der Kurs vor 10 Tagen subtrahiert wird.

Wenn Sie nun die Momentum-Kurve zu einem Aktienchart betrachten, werden Sie feststellen, dass es eine Nulllinie gibt und das Momentum stets um diese Nulllinie schwankt. Mal mit kleineren oder größeren Abweichungen im positiven Bereich oberhalb der Nulllinie, mal mit Abweichungen im negativen Bereich.

Beispiele für die Berechnung:

Kurs heute	100	Kurs heute	100
Kurs vor 30 Tagen	80	Kurs vor 30 Tagen	130
Momentum	20	Momentum	-30

Beurteilung des Momentums

Befindet sich das Momentum oberhalb der Nulllinie, bedeutet das, dass die Kurse steigen. Denn in diesem Fall waren die aktuellen Kurse immer ein wenig höher als beispielsweise die Kurse vor 30 Tagen (bei einem 30-Tage-Momentum). Steigt gleichzeitig die Momentumkurve, ist dies die Bestätigung für einen Aufwärtstrend. Wenn die Momentumkurve sich wieder in Richtung Nulllinie neigt, bedeutet dies, dass der Aufwärtstrend noch weiter besteht, jedoch mit abnehmender Steigung. Wenn dann sogar das Momentum die Nulllinie von oben nach unten durchbricht, beginnt für die technischen Analysten der Abwärtstrend. Der Nachteil des Momentums als Indikator für die Kursentwicklung der zugrunde liegenden Aktie: Es gibt weder Ober- noch Untergrenze. Das bedeutet: Wann das Momentum hoch oder niedrig ist, lässt sich nur beantworten, wenn gleichzeitig der Kurschart herangezogen wird. Wenn Sie feststellen möchten, ob sich der Kurs nach dem Momentum in einer extremen Situation befindet, müssen Sie Ihre eigenen Hilfslinien einzeichnen. Sie vergleichen so die extremen Hoch- und Tiefpunkte der Vergangenheit und zeichnen anhand dieser Punkte eine Extremlinie für den positiven wie für den negativen Bereich. Am besten ist es, Sie vergleichen mehrere Momentumkurven für unterschiedliche Tageszeiträume.

EXPERTENTIPP

Je kürzer der Zeitraum des Momentums, desto empfindlicher reagiert die Momentumkurve, das bedeutet, desto ausgeprägter sind die Ausschläge nach oben oder nach unten. Je länger der Zeitraum des Momentums, desto geglätteter ist die Kurve. Wichtig: Erreicht ein Momentum seinen Höchstwert, sollten Sie niemals blind gegen den Trend handeln. Nicht selten laufen die Kurse trotz des Hochs im Momentum noch einige Zeit weiter.

Bei den nun folgenden Indikatoren gehe ich ausschließlich auf die Bedeutung und weniger auf Berechnungsbeispiele ein. Die Berechnungen wären zu kompliziert und wären Ihrem Anlageerfolg nicht von Nutzen. Wichtig ist lediglich die Aussagekraft und was Sie bei einzelnen Indikatoren beachten müssen.

Relative Stärke Index (RSI)

Urheber dieses Index ist Welles Wilder Junior. 1978 veröffentlichte er sein Buch „New Concepts in Technical Trading Systems". Wilder war der Meinung, dass viele Indikatoren, zum Beispiel auch das Momentum, den großen Nachteil haben, dass sie bei einer starken Kursveränderung erheblich schwanken, ohne dass diese Schwankungen Aussagekraft haben. Wilders Ziel war es also, einen Indikator zu entwickeln, der erstens diese Schwankungen glättet bzw. sie zumindest minimiert und bei dem zweitens sich die jeweils ermittelte Maßzahl in einer festen Bandbreite bewegt. Vorab: Der Begriff „Relative Stärke" ist leicht irreführend, weil bei dem

Wort „relativ" zunächst davon ausgegangen werden könnte, dass die Kursentwicklung eines Wertpapiers relativ zur Kursentwicklung eines anderen Wertpapiers, beispielsweise einer Aktie oder eines Index, beobachtet wird. Das jedoch ist beim RSI nach Wilder nicht so.

Ermittelt wird der RSI nach der folgenden Formel:

$$RSI = \frac{\text{Durchschnitt der Schlusskurse von x-Tagen mit steigenden Kursen}}{\text{Durchschnitt der Schlusskurse von x-Tagen mit fallenden Kursen}}$$

Am häufigsten wird hier von den technischen Analysten eine Spanne zwischen 9 und 14 Tagen eingesetzt. Das bedeutet: Beim RSI (14 Tage) würden entsprechend der oben genannten Formel die vergangenen 14 Tage bewertet. Auch hier gilt: Je kürzer der Zeitraum, desto stärker schwankt der RSI. Je länger der Zeitraum – manche Analysten setzen hier auf 21 oder 28 Tage –, desto mehr wird der RSI geglättet (vgl. dazu die folgenden Grafiken).

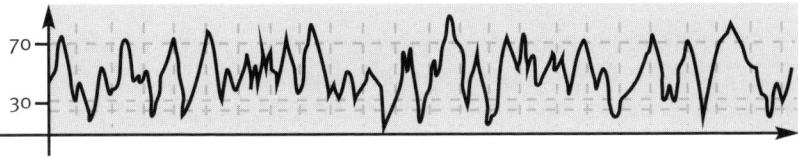

Relative Stärke Index (RSI) 9 Tage

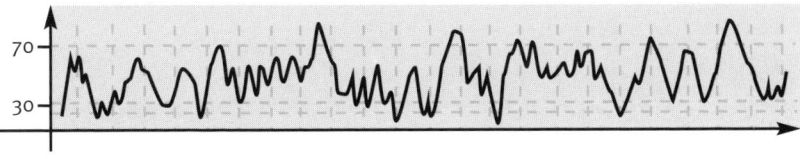

Relative Stärke Index (RSI) 14 Tage

Der 14-Tage-RSI ist eine Standardeinstellung. Die meisten Profis halten diese Standardeinstellung jedoch für einen der am wenigsten aussagekräftigen Indizes. Richtig ist: Der 14-Tage-RSI verliert sich häufig im Mittelfeld seiner Skala, wobei es zu keinen aussagekräftigen Signalen, weder für den Kauf noch für den Verkauf, kommt.

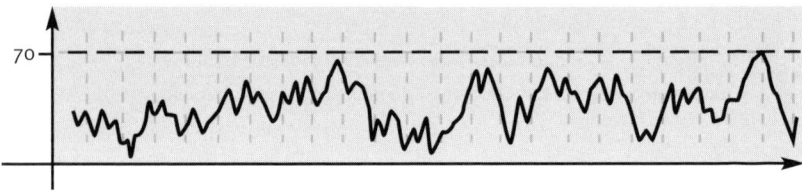

Relative Stärke Index (RSI) 28 Tage

Wie in den Abbildungen zu sehen, wird der RSI auf einer waagerechten Skala eingetragen. In der Regel gibt es auf der Bandbreite von 0 bis 100, innerhalb derer sich der RSI bewegen kann, zwei formale Grenzen:
- 70 = Über*ge*kauft
- 30 = Über*ver*kauft

Achtung: In so genannten Bullenmärkten, also in Zeiten stark steigender Kurse, kann die Übergekauft-Zone auf 80 hochgesetzt werden, in Zeiten so genannter Bärenmärkte, also bei (dauerhaft) fallenden Kursen, kann die Untergrenze als Signal für Überverkauft auf 20 herabgesetzt werden. Auch hier gilt: Es gibt keine automatischen Regeln und stets hundertprozentig klar funktionierende Indikatoren, die es Ihnen abnehmen, sich Ihre eigenen Gedanken machen zu müssen.

EXPERTENTIPP

Beim RSI gilt wie bei allen anderen Indikatoren, die Übergekauft- und Überverkauft-Zonen „signalisieren", dass diese Indikatoren nur dann hilfreich sind, wenn sie richtig angewandt werden. Wer hier lediglich blind nach dem RSI oder den beiden oben genannten, allgemein gültigen Grenzwerten handelt ohne den allgemei-

nen Kursverlauf zu betrachten, spekuliert sehr gefährlich und wird unterm Strich schnell eine Menge Geld verlieren. Wenn beispielsweise beim RSI die Extremzone „Übergekauft" erreicht wird, dann bedeutet das noch lange nicht, das der Markt bzw. dass der Kurs des betreffenden Wertpapiers nicht noch weiter steigen kann. Handeln Sie also niemals nur deswegen, weil diese Extremzonen erreicht werden, sondern vergewissern Sie sich, dass der zugrunde liegende Kurstrend ebenfalls gebrochen ist. Sonst kann es Ihnen passieren, dass Sie trotz Erreichen der Übergekauft-Zone bei weiter steigenden Kursen nicht mehr mit dabei sind. Das Ganze bedeutet einfach formuliert:

- Übergekauft-Zone + Kursschwäche = verkaufen
  Übergekauft + Kursanstieg = abwarten
- Überverkauft-Zone + Kursanstieg = kaufen
  Überverkauft + Kursschwäche = abwarten

Wenn Sie nach diesen grundlegenden RSI-Regeln handeln und niemals den Blick für den Gesamtmarkt verlieren, dann ist die Relative Stärke – ohne ihn übergewichten zu dürfen – ein wichtiger und hilfreicher technischer Indikator. In jedem Fall ist der RSI stets ein warnender und insbesondere ein Trendindikator, wenn höhere Einstellungen gewählt sind (zum Beispiel 21 oder 28). Gewöhnen Sie sich an, vor jeder Kauf- oder Verkaufsentscheidung neben den übrigen Einflussfaktoren und vor allem neben fundamentalen Kriterien auch die Relative Stärke (vor allem längerfristige Einstellungen) zu betrachten.

Moving Average Convergence Divergence (MACD)

Der „Erfinder" dieses Indikators ist Gerhard Appel. Wenn Sie, beispielsweise bei den Seiten der Chartanalyse in „Focus-Money", mit diesem Indikator konfrontiert werden, sehen Sie stets zwei Linien. Das eine ist die so genannte „schnelle" Linie (auch MACD-Linie genannt), das andere die so genannte „langsamere" Linie, auch Signallinie genannt.

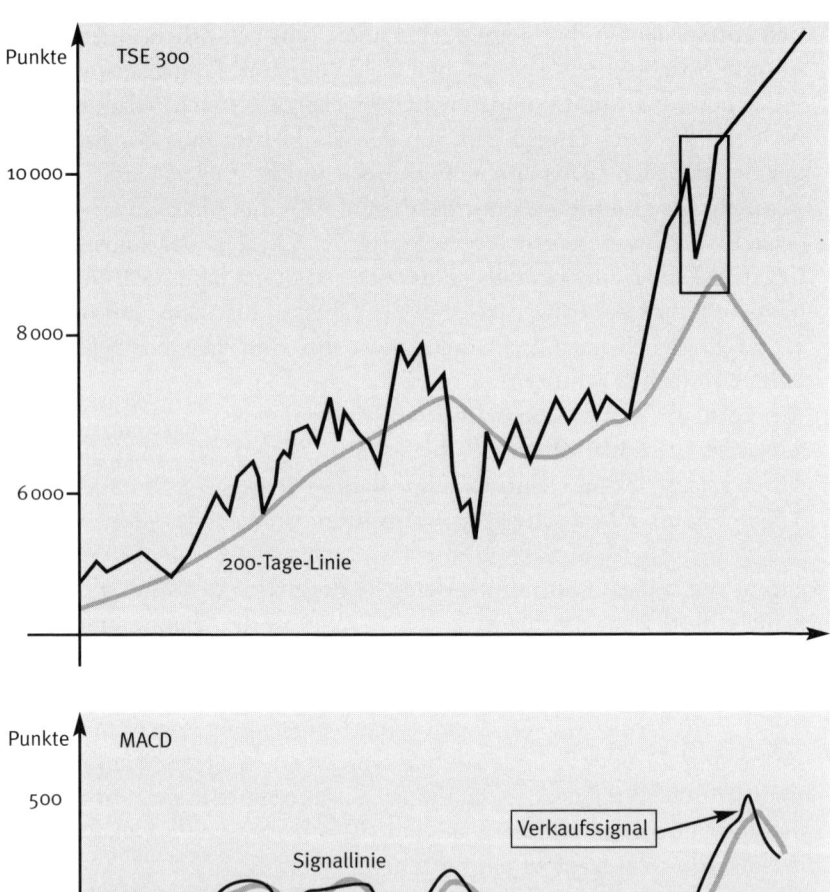

Beispiel aus „Focus-Money", 28/2000

Die „schnelle" oder MACD-Linie ergibt sich als eine Differenz zwischen zwei geglätteten gleitenden Durchschnittslinien auf der Basis von Schlusskursen, die „langsamere" oder Signallinie ist dann ein geglätteter Durchschnitt der MACD-Linie. Entscheidend ist der Kursverlauf der Signallinie:

● Signallinie kreuzt MACD von unten = verkaufen
● Signallinie kreuzt MACD von oben = kaufen

Die „schnelle" Signallinie ist meistens grün, in wenigen Fällen rot gezeichnet. Die langsamere Linie ist dann gelb oder schwarz.

Die möglichen Ergebnisse mithilfe dieses MACD-Indikators sind verblüffend. Nehmen wir dazu noch einmal das Beispiel aus „Focus-Money": Ende 1999 und im ersten Halbjahr 2000 konnten Anleger, die in Aktien der Börse von Toronto (Kanada) investierten, eine Menge Geld verdienen. Der fundamentale Hintergrund: Die Leistungsbilanz ergab Überschüsse, ebenso die Haushaltssituation. Dazu kam das gute Wachstum der Wirtschaft. Wer sich im Juni/Anfang Juli 2000 fragte, ob die Erfolgsstory in Toronto weitergeht und den MACD-Indikator zu Hilfe nahm, erhielt ein klares Kaufsignal. Denn die MACD-Linie war dabei, die Signallinie von unten zu durchkreuzen.

Für alle Skeptiker: Wer seit 1996 beim kanadischen Index TSE 300 auf den MACD-Indikator als Kauf- oder Verkaufssignal setzte, bekam bis Mitte 2000 sehr verlässliche Signale zum Ein- und Ausstieg. Sowohl im Herbst 1998 wie auch im Herbst 1999 war mittels des MACD-Indikators der nahezu optimale Einstieg möglich.

Chartformen – Chart ist nicht gleich Chart

Im Folgenden möchte ich noch auf die verschiedenen grundlegenden Charttypen eingehen; nicht, um Sie zum charttechnischen Analysten auszubilden. Die Erklärungen sollen Ihnen vielmehr helfen, noch mehr Informationen zur grundlegenden Charttechnik zu verstehen und womöglich anwenden zu können. Mir geht es vor allem darum, dass Sie die in den unterschiedlichsten Medien immer häufiger verwendeten charttechnischen Formen und Begriffe besser verstehen. Dabei kann es im Rahmen dieses Buches lediglich um die Basis-Informationen gehen. Und: Sie allein entscheiden, ob Sie bei der Auswahl Ihrer Aktien eher auf fundamentale Entscheidungskriterien vertrauen oder auf die Charttechnik. Ich persönlich bin der Meinung: Charttechniker, die „Fundamentalisten" völlig ignorieren, reagieren ebenso falsch wie „Fundamentalisten", die Charttechnik völlig ablehnen. Das Beste ist, wie so oft, eine gesunde Mischung aus beiden Ansätzen.

Buchtipp

Lesen Sie als chartinteressierter Börsianer unbedingt das Buch von Erich Florek, „Neue Trading Dimensionen", erschienen im FinanzBuch-Verlag.

Der Linienchart

Diese Form der Chartdarstellung ist nicht schwer zu beschreiben. Alle Charts auf den vorangegangenen Seiten waren Liniencharts. Diese Chartform ist die einfachste Form der Darstellung und für den Betrachter ist es mit Liniencharts zunächst am einfachsten, Trends abzusehen. Letztlich wird Ihnen nur ein Kurs pro Tag angezeigt; in der Regel handelt es sich dabei um die Schlusskurse des Tages. Einerseits entsteht so die deutlich nachvollziehbare Chartlinie, andererseits fehlen für Chartfans wichtige Informationen wie Eröffnungskurs, höchster und tiefster Tageskurs. Das bedeutet: Um mittel- bis langfristige Trends besser einschätzen zu können, sind Liniencharts sehr gut geeignet, nicht jedoch zur Analyse der kurzfristigen Marktsituation, also der kurzfristigen Nachfrage und des kurzfristigen Angebots. Für diejenigen unter Ihnen, die sich ausschließlich auf kurzfristige Tradings stürzen wollen, gilt: Sie sollten besser auf die übrigen Chartmethoden zurückgreifen, von denen einige im Folgenden dargestellt ist.

Der Bar- oder Balkenchart

Bevor ich Ihnen einige Einzelheiten zu dieser Darstellungsform erkläre,
betrachten Sie einmal das folgende Bild:

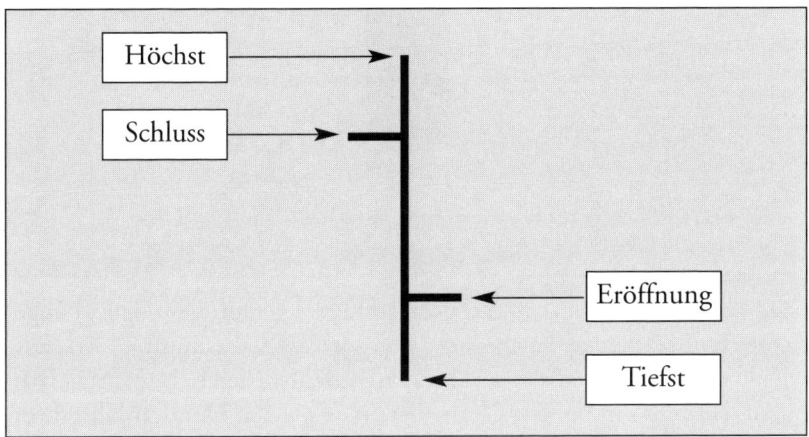

Wie Sie erkennen, wird bei einem solchen Balken-Chart zunächst der
Hoch- und Tiefpunkt (High/Low) einer Zeitspanne verbunden. Weiter
kennzeichnet man bei einem Balken-Chart rechts am Balken den Eröffnungskurs (Open) und links am Balken den Schlusskurs (Close). Der
Vorteil: Sie erkennen so leichter Schwankungen innerhalb der beobachteten Zeitspanne. Dazu kommen auch ganz bestimmte Formationen, die
Balken-Charts anzeigen können.

Candlestick-Chart

Auch in diesem Fall betrachten Sie bitte zunächst das folgende Bild.
Anschließend erläutere ich Ihnen die aus meiner Sicht wichtigsten Einzelheiten zu Candlestick-Charts.

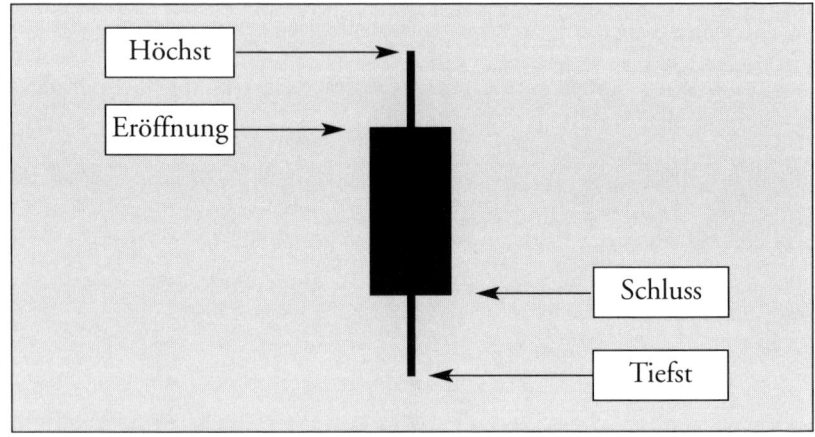

Dass diese Chartform „Candlestick" (= Kerze) getauft wurde, liegt angesichts der besonderen Form nahe. Die Methode, die künftige Kursentwicklung mittels Candlestick-Charts zu prognostizieren, ist nicht neu. In Japan wurden Candlestick-Charts bereits vor vielen Hundert Jahren von Reishändlern verwendet. Für Chartfreaks ist diese Darstellungsform besonders gelungen. Zwei maßgebende Bezeichnungen werden immer wieder in Zusammenhang mit dieser Chartform genannt:

● Der *Kerzenkörper* wird definiert durch den Eröffnungs- und den Schlusskurs. Hier gibt es zwei Variationen: Ist der Schlusskurs am Ende der jeweiligen Zeitspanne höher als der Eröffnungskurs, wird der Kerzenkörper in den Farben Weiß oder Grün gezeichnet. Liegt der Schlusskurs am Ende unter dem Eröffnungskurs, dann wird der Kerzenkörper in den Farben Schwarz oder Rot gefärbt.

● Die *Schatten* sind nichts anderes als die am Kerzenkörper ansetzenden senkrechten Linien zur Markierung des Höchst- und Tiefstkurses der jeweiligen Zeitspanne.

Durch diese optisch ausgeprägte Darstellung (vgl. folgende Grafik) und vor allem auch mögliche Vielfalt der Kursentwicklung einer Zeitspanne besitzt der Candlestick-Chart für technisch orientierte, fortgeschrittene Börsianer eine große Bedeutung. Zum Vergleich sehen Sie im Folgenden eine Zeitreihe von Candlestick-Charts, entnommen aus dem Fachbuch von Hartmut J. Pring, „Handbuch technische Kursanalyse":

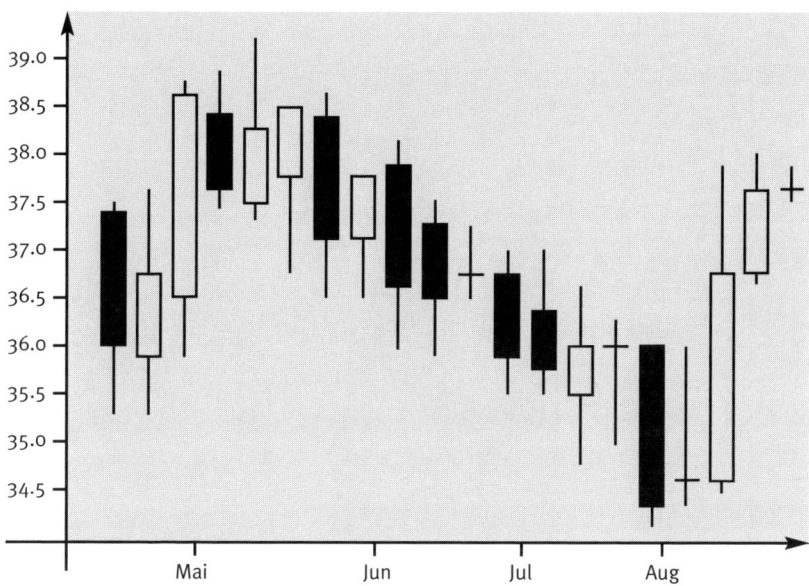

An dieser Darstellung wird leicht ersichtlich: Die Chartanalyse mittels Candlestick-Charts und der Candlestick-Chartformationen ist eine Klasse für sich. Profis sprechen von Formationen wie „Hanging Man", „Shooting Star" und „Evening Star". Insgesamt kommt man auf immerhin über 60 verschiedene Formationen, eingeteilt in Trendumkehr- und Fortsetzungsformationen.

Point and Figure Chart

Neben den Liniencharts ist diese Chartform des Point and Figure Chart diejenige, die die meisten Anleger außer dem Linienchart kennen. Diese Methode ist im Übrigen auch schon sehr alt. Victor de Villier veröffentlichte 1933 in seinem Buch „The Point & Figure Method of Anticipating Stock Price Movements" folgenden Chart:

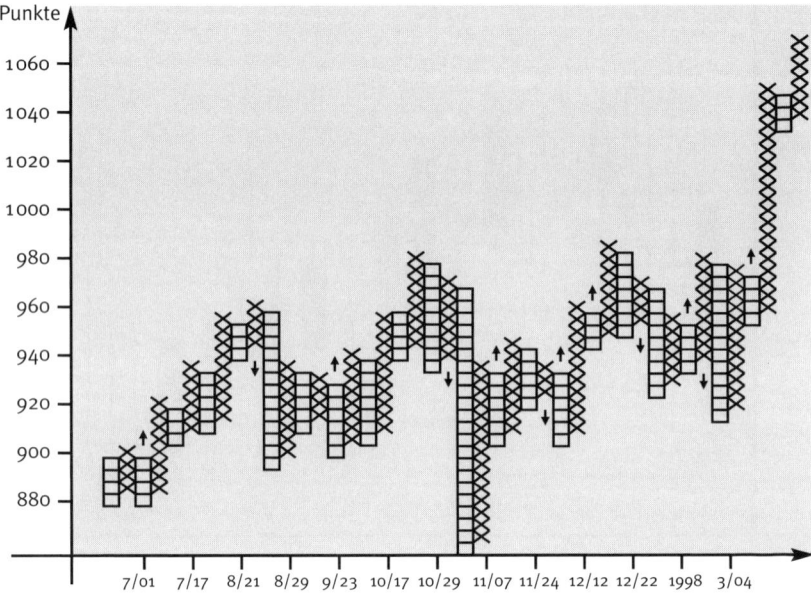

Quelle: John J. Murphy, Technische Analyse

So lesen Sie den Chart: Die X-Säulen stehen für steigende Kurse, die Kästchen (auch „O") stehen für fallende Kurse. Gibt es keine Kursveränderungen, bleibt der Chart für diesen Tag unverändert. Ein Kaufsignal ist dann gegeben, wenn eine X-Säule ein Kästchen höher steigt als die vorausgehende X-Säule; ein Verkaufssignal dann, wenn die andere Säule (Quadrat oder O) ein Segment tiefer fällt als die letzte Verkaufssäule.

Zusammenfassung

Die oben beschriebenen Chartdarstellungen sind längst nicht vollständig. Es gibt zahlreiche weitere, in den meisten Fällen exotisch klingende Varianten wie Three-Line-Back, Kagi, Renki, Activity Bars – um nur einige zu nennen. Da dieses Buch jedoch ein Buch für fortgeschrittene Börsianer ist, ist der Platz für die einzelnen Ausführungen begrenzt. Mein Ziel war es, Ihnen kurz und knapp die wichtigsten Formen zu nennen und so zu beschreiben, dass Sie, wenn Sie künftig aufmerksam die verschiedenen Börsenzeitungen und Zeitschriften wie zum Beispiel „Börse Online" lesen, wissen, worum es grundsätzlich geht und wovon die Rede ist.

Hier noch einmal der Buchtipp für alle Wissbegierigen: Lesen Sie Erich Floreks Buch „Neue Trading-Dimensionen". Über 400 Seiten, die Sie, gleich ob technischer Einsteiger, Fortgeschrittener oder Amateur, begeistern werden!

Was Sie zu Charts und Volumen wissen sollten

In „Gewinnen mit Aktien – Chancen für Einsteiger" habe ich in Zusammenhang mit einer kleinen Einführung in das Thema technische Analyse nur sehr kurz auf das Volumen hingewiesen, das Sie beachten müssen. Im Folgenden möchte ich Ihnen an sechs wichtigen Varianten zeigen, wie Kursentwicklung und Handelsvolumen einer Aktie zusammenhängen können.

Es ist allerdings nicht möglich, im Rahmen dieses Buches ausführlich auf alle Feinheiten der technischen Analyse in Zusammenhang mit dem gehandelten Volumen einzugehen. Doch die folgenden sechs Varianten sind Formationen, auf die Sie immer mal wieder stoßen werden, vorausgesetzt, Charttechnik kommt für Sie überhaupt infrage.

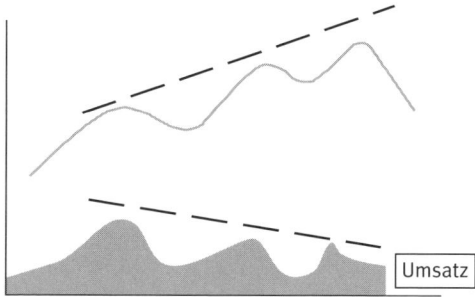

Hier sehen Sie eine „Kursrallye", wobei jedes neue Hoch der Kursrallye von einem neuen Hoch im Umsatz begleitet wird. Das Besondere jedoch ist, dass jedes neue Hoch im Umsatz nicht mehr das vorherige Hoch erreicht. Eine solche Konstellation bedeutet: vorsichtig sein. Oft deutet dieser Kursverlauf in der Kombination mit sinkenden Umsatzhochs auf eine bevorstehende Trendwende.

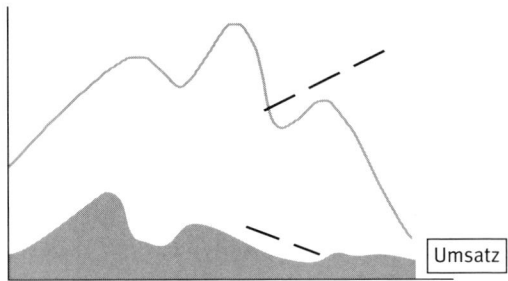

Ebenfalls bedenklich sind alle Situationen, in denen eine kurzfristige Kursrallye mit sinkendem Volumen gleich läuft. Auch in diesem Fall kann diese Konstellation auf eine bevorstehende Trendwende hindeuten.

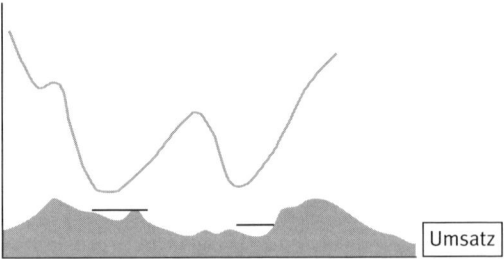

Ist der Kurs über eine längere Zeit gesunken (siehe Punkt 1.), beginnt dann zu steigen, sinkt noch einmal und reagiert dann auf Höhe des letzten Kurstiefs (Punkt 2.), dann wird es spannend, wenn das Volumen beim zweiten Test des Kurstiefes niedriger ist als beim ersten Kurstief. Techniker bewerten diese Konstellation mit „bullish".

Immer dann, wenn der Aktienkurs aus einer Trendformation nach oben oder nach unten herausbricht (hier Ausbruch über die Trendlinie nach unten) und gleichzeitig das Volumen steigt, ist das ein Signal zur Vorsicht. Oft kündigen sich stärkere Kurskorrekturen oder gar noch schlimmer Aktiencrashs mit einer solchen Chart-Volumen-Kombination an.

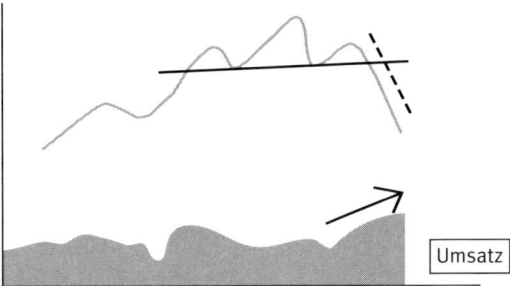

Bewegt sich der Aktienkurs nach einem längeren Kursaufschwung nur noch in kleinen Bewegungen nach oben und ist das Volumen andererseits groß, dann gilt es auch hier, vorsichtig zu sein.

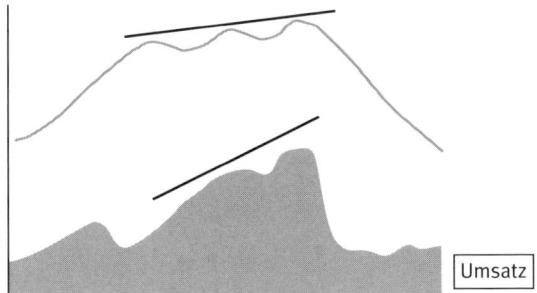

Wenn der Aktienkurs sehr stark zurückgegangen ist, sich dann jedoch fängt und langsam unter Wellenbewegungen zu steigen beginnt, kann das als optimistisches Zeichen gewertet werden, wenn gleichzeitig das Volumen stark ansteigt.

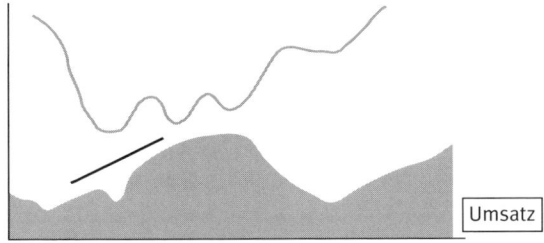

Im Übrigen gilt: Nicht nur die mögliche Kursentwicklung einzelner Aktien können Sie mit solchen Formationen einschätzen, sondern auch einen ganzen Markt. Das bedeutet: Wenn Sie feststellen, dass sich ein Index einer Branche in einer bestimmten Formation bewegt, so lässt sich daraus schon ungefähr beurteilen, wie es um die jeweiligen einzelnen Werte dieser Branche bestellt ist. Bevor Sie sich also in die Einzelwertbeurteilung vertiefen, empfehle ich Ihnen, sich in jedem Fall auch ein Bild von der gesamten Branche zu machen.

Was ein bekannter Börsenmoderator zur technischen Analyse sagt – und schreibt

Markus Koch, der bekannte Börsenmoderator, kritisiert in seinem exzellenten Börsenbuch, erschienen im FinanzBuch-Verlag, die technische Analyse. Er erwähnt verschiedene Beispiele, die nicht gerade für den Erfolg dieser Analysemethode sprechen. Ob es dann doch besser ist, ein „Fundi" zu werden (Anmerkung des Autors: „Fundi" ist das Kosewort der Profis für „Fundamentalisten")? Im Folgenden möchte ich einige der Beispiele aus Markus Kochs Börsenbuch wiedergeben. Er schreibt, dass bereits 1906 der Fachautor Thomas Gibson in seinem Buch „The Pitfalls of Speculation" die technische Form der Aktienanalyse als „unglaubwürdig, absolut töricht und dazu noch hoch gefährlich" bezeichnet. Noch schlimmer: Das Investorenmagazin „Barron's", so Markus Koch, schrieb im Dezember 1980, dass selbst John Magee, der „Star" der technischen Analysten, zugab, mit seinen Methoden keinen Erfolg gehabt zu haben. Weitere Koch'sche Beispiele für das Versagen der technischen Analyse sind die Prognosen der Techniker im Oktober bis Dezember 1990 zur künftigen Börsenentwicklung:

„Analysten lesen ihre Charts – und schluchzen" (Business Week, Oktober 1990)

„Eine Bärenmarkt-Rallye? Es sieht so aus" (Wall Street Journal, 12. November 1990)

„Vier technische Analysten äußern sich in einem Interview negativ. Der Bärenmarkt sei nicht vorbei." (Barron's, 24. Dezember 1990)

Dann schildert Markus Koch das Ende dieser Prognosenstory: Bis weit ins Jahr 1991 lief der Bullenmarkt. Von Bärenmarkt keine Spur, die „schluchzenden" Analysten vergossen umsonst ihre Tränen.

Zusammenfassung

In den letzten 14 Jahren habe ich niemanden kennen gelernt, der, wenn er (oder sie) sich einmal mit der technischen Analyse intensiv befasst hat, nicht einem gewissen Zauber verfallen ist und versucht hat, den eigenen „Superindikator" zu entwickeln. Doch diesen „Superindikator" gibt es definitiv nicht. Jeder Indikator hat bestimmte Schwächen, aber auch bestimmte Stärken. Die Interpretation und die Bewertung hängt letztlich vom jeweiligen Betrachter ab. Viel wichtiger jedoch als diesen vermeintlichen „Superindikator" zu finden ist es, einfach ein Gefühl für die Aussagekraft der verschiedenen Indikatoren zu entwickeln und die Indikatoren auch als Risiko- oder Chancenkontrolle einzusetzen. Und: In den letzten Jahren und Jahrzehnten hat sich im Bereich der Indikatoren vieles getan. Wann auch immer andere Autoren die technische Analyse grundlos als nutzloses Handwerk bezeichnen, haben sie mit dieser pauschalen Aussage Unrecht. In den meisten meiner Gespräche mit Kritikern der technischen Analyse stellte ich immer wieder fest: Die meisten, die die technische Analyse ohne Wenn und Aber als völlige Marktschreierei abtun, wissen oft nur wenig über die aktuellen Möglichkeiten und gehen von einem Stand der technischen Analyse aus, wie er vor 20 oder mehr Jahren gegeben war.

Doch nicht nur die Instrumente und Berechnungsmethoden der technischen Analyse haben sich verfeinert. Auch die Marktmechanismen ändern sich, was jeder technisch orientierte Börsianer zur Kenntnis nehmen muss. Damit ist gemeint: Der Einfluss der institutionellen Anleger nimmt mehr und mehr zu. Immer mehr Fondsgesellschaften werden, wie Markus Koch sie bezeichnet, zu „Titanen".

Diese „Titanen" und deren Käufe und Verkäufe sind einerseits (möglicherweise von einem Tag auf den anderen) kursrelevant und weder mit einer Chartanalyse noch mit sonst einer irgendwie gearteten Analyse vorherzusagen. Eine Zahl dazu: Fondsgesellschaften bewegen an der Wall Street im Jahr 2000 bereits um die 50 Prozent des gesamten Volumens. Zur Entwicklung des monatlichen Anteils von Fonds am Dollar-Handelsvolumen der New Yorker Stock Exchange folgende Zahlen:

1980	10 Prozent
1985	13 Prozent
1990	18 Prozent
1995	44 Prozent
2000	50 Prozent

Auf der anderen Seite geben Fondsgesellschaften kaum Informationen zu ihrem eigenen Handeln preis. Das bedeutet: Durch das zunehmende Gewicht der Fonds am gesamten Handelsvolumen ist davon auszugehen, dass die ausschließlich technische Analyse vor weiteren Schwierigkeiten steht.

Bei allen Argumenten für und gegen die technische Analyse bewahrheitet sich eine Geschichte des verstorbenen Altmeisters der Börse, André Kostolany, die er von seinem Bekannten Fritz Muliar gehört hat und die er in seinem Buch „Kostolany's Börsenpsychologie" zum Besten gibt:
Es war in einem kleinen Städtchen in Galizien, irgendwann im letzten Jahrhundert. Der Nachtwächter bezieht seinen Posten auf dem Marktplatz, setzt sich in das Wachhäuschen, stellt seine Hellebarde und seine Laterne neben sich und nickt schließlich ein. Plötzlich weckt ihn ein heller Lichtschein auf. „Was ist das?", fragt er sich – noch mit geschlossenen Augen – und beginnt zu überlegen. „Vielleicht eine Straßenlaterne?" Aber wo gab es im 19. Jahrhundert schon Straßenlaternen in Galizien? „Dann der Mond?" Er rechnet in Gedanken nach, Neumond war gerade erst, nein, der Mond kann es auch nicht sein. Er streckt seine Hand aus dem Wachhäuschen heraus, zieht sie zurück. Es regnet. Das Licht der Sterne kann ihn also auch nicht geweckt haben. Daraufhin schaltet sein „persönlicher Computer" auf Schnellgang, er geht die einzelnen Gedankenoperationen noch einmal rasch durch: Es ist keine Straßenlaterne, es handelt sich nicht um den Mond, es sind nicht die Sterne: „FEUER", bricht es aus ihm heraus.

Was wir aus dieser Geschichte lernen können: Die technische Analyse nimmt es Ihnen nicht ab, dass Sie den Markt als Ganzes im Blick halten und Ihren „persönlichen Computer", nämlich Ihren Verstand, stets mitentscheiden lassen sollten. Auf der anderen Seite macht es jedoch Spaß und es kann sich auch mit zunehmend richtigen Entscheidungen lohnen, wenn Sie bei Ihren künftigen Investitionen in Aktien die technische Analyse zurate ziehen.

Die vorherigen Seiten haben nicht das Ziel gehabt, aus Ihnen nun einen perfekten technischen Analysten zu machen. Doch die Erfahrung und meine Gespräche mit Seminarteilnehmern zeigen: Viele würden gerne mehr von der technischen Analyse verstehen, ohne mit Informationen überfrachtet zu werden. Diesem Ziel dienten meine Ausführungen. Wenn Sie künftig in den führenden Wirtschaftsmagazinen die Namen der verschiedenen Indikatoren hören, werden Sie die einzelnen Indikatoren und deren Bedeutung sicher besser zuordnen können. Und im Kapitel „Börse-online-Special" verrate ich Ihnen, wie Sie im Internet und mit den dort zum Großteil kostenlos erhältlichen Informationen ab sofort mühelos und mit den nötigen Grundkenntnissen vertraut Ihre technische Analyse für Ihre Aktien durchführen können.

BUCHTIPPS

Technische Analyse der Finanzmärkte, FinanzBuch-Verlag, Börse Online Edition
Das große Buch der Börsenindikatoren, Börsenverlag
Das große Buch der Börsentechniker, Börsenverlag

Börsenpsychologie für Fortgeschrittene

Treffen sich zwei Börsianer auf dem Parkett. Spricht der eine: „Ist das schlimm, ich sag's dir. Ich hab's an der Bandscheibe und das mit Mitte 40." Sagt der andere: „Das ist doch gar nichts. Ich habe amazon.de und die mit Kaufkurs 120."

Börsenwitz vom Sommer 2000

Vorab: Mit zunehmender Anlagedauer nimmt der Einfluss der Psychologie ab. Das bedeutet: Je kurzfristiger Sie in Aktien investieren, desto wichtiger ist die psychologische Verfassung des Marktes. Je langfristiger Sie dagegen planen, desto unwichtiger wird die Börsenpsychologie. Schließlich kann niemand vorhersagen, wie es um die Psychologie der Börsianer in fünf oder zehn Jahren bestellt ist. Nicht umsonst sagt Frank Vonegg oft und gerne: „Und längerfristig?", fragte der Kunde den Anlageberater. „Längerfristig gesehen", antwortete der Berater, „sind wir alle tot." Dieser Spruch stammt ursprünglich von John Maynard Keynes, einem der großen Ökonomen der Vergangenheit. Anders ausgedrückt lautet er: Auch wenn die Börse kurzfristig gesehen keine Einbahnstraße ist, langfristig ist sie es schon.

Verlierer nach der Truthahn-Methode

Von Fred C. Kelly stammt die folgende, von mir leicht abgewandelte Geschichte: Ein alter Mann hat sich darauf spezialisiert, Truthähne zu jagen. Seine Methode ist einfach, aber wirkungsvoll: Er legt Maiskörner aus und lockt mit diesen Maiskörnern die Truthähne in einen Käfig. Dieser Käfig wird mit einer Klappe versperrt, die von einem Seil hochgehalten wird. Nachdem er zwölf Tiere auf diese Weise gefangen hat, spaziert ein Truthahn aus dem Käfig heraus. Der alte Mann flucht: „Hätte ich doch nur das Seil gelöst, als noch alle zwölf Truthähne im Käfig waren." Er entschließt sich, einige Zeit zu warten in der Hoffnung, dass der Truthahn wieder zurückkehrt und sich erneut einfangen lässt. In Gedanken sieht er immer nur die zwölf Truthähne, die er bereits hatte. Da läuft ein zweiter Truthahn aus dem Käfig heraus. Der alte Man ärgert sich über sich selbst und flucht: „Ich hätte den Käfig zusperren sollen, als ich noch elf Truthähne hatte. Jetzt warte ich, bis noch einer zurückkommt, dann ist Schluss." Während er so vor sich hinmurmelt, flüchten vier weitere Truthähne. Nur noch sechs Truthähne befinden sich im Käfig, also die Hälfte der ursprünglich 12 gefangenen Truthähne. Der alte Mann sagt sich: „Sechs von ehemals zwölf Truthähnen? Pah! Wenigstens einer mehr als die Hälfte, also sieben Truthähne. Dann ist Schluss." So geht das ganze Spiel weiter, bis zum Ende nur noch ein einziger Truthahn übrig bleibt. „Dafür hat sich die ganze Jagd nicht gelohnt", sagt der alte Mann, denkt wehmütig an die 12 Truthähne, die er mal hatte, und lässt den letzten Truthahn frei.

Im Laufe der letzten Jahre habe ich viele Menschen kennen gelernt, die nach dieser Truthahn-Methode Verlust für Verlust akzeptierten, bis sie am Ende auch der mögliche Totalverlust nicht mehr schockierte. Woran liegt diese Schwierigkeit, von einmal Erreichtem loslassen zu können? Und warum müssen Sie, wenn Sie auf Dauer an der Börse mit Aktien gewinnen wollen, unbedingt Ihre eigenen Lehren aus dieser Truthahn-Methode ziehen?

Um dieses Phänomen des Nicht-Loslassens zu erklären, betrachten wir zunächst einmal einige Beispiele, die nicht das Geringste mit Börse und Aktien zu tun haben. Jeder von Ihnen weiß, wie es ist, an einmal gefassten Zielen festzuhalten, obwohl ihre Unerreichbarkeit längst offensichtlich ist. Wie viele Menschen haben bereits Geld mit unseriösen und dubiosen Anlagemodellen verloren, nur weil sie an einer einmal getroffenen Entscheidung festgehalten haben. Aus dem Alltag: Wie viele Menschen halten an ihrer Arbeit fest, obwohl die Arbeit das letzte Mal vor einigen Jahren Spaß machte (zwölf Truthähne), heute jedoch nur noch Frust bringt (nur noch ein Truthahn). Wie oft hält man in Beziehungen am Partner fest, wohl wissend, dass die alten Zeiten kaum wiederkommen werden, und ahnend, dass man eigentlich gar nicht zusammenpasst? Warum ich in diesem Kapitel so weit aushole, hat einen ganz besonderen Grund: Wer es als Börsianer nicht beherrscht, erfolglos eingegangene Aktienpositionen rechtzeitig abzubrechen, der verliert auf Dauer sein gesamtes Vermögen.

Eine Studie des „Instituts für angewandte Betriebswirtschaftslehre und Unternehmensführung" untersuchte Erfolge und Misserfolge bei 105 Unternehmen der Pharmaindustrie. Das Ergebnis: Über die Hälfte der irgendwann abgebrochenen Projekte hätten die Befragten, nach eigener Auskunft und Einsicht, früher abbrechen müssen.

Zurück zum Börseninvestment: Verpasste Aktienchancen belasten weit mehr als falsche Entscheidungen. Nach dem Motto „Wenn ich nichts tue, kann ich jetzt auch nichts mehr falsch machen" mit Aktien zu handeln, führt auf Dauer zu fatalen Ergebnissen.

Fazit: Meiden Sie in Bezug auf Ihre Aktiengeschäfte alles, was Sie emotional treu sein lässt. Vermeiden Sie die „Hätte ich doch ... dann hätte ich ..."-Gedanken. Vermeiden Sie auch, sich selbst völlig aus der Luft gegriffene Halteparolen zu verordnen „Wenn es wieder 11 Truthähne sind, dann ...". Es geht bei Ihren Aktiengeschäften eben nicht darum, dass Sie sich treu bleiben und dass Sie, wenn sich die Kurse in die falsche Richtung entwickeln, passiv abwarten. Jede Form von Passivität führt beim Aktienhandel letztlich zu noch größerer Reue. Wenn Sie auf Dauer an der Börse zu den Gewinnern zählen wollen, müssen Sie lernen, bei falschen Entscheidungen rechtzeitig einen Schlussstrich zu ziehen.

Die Gewinn-Sorglosigkeit-Ruin-Kette© und Kontroll-Illusion

Die folgende Lektion ist insbesondere für alle Fortgeschrittenen wichtig. Sie haben bereits den „Kick" kennen gelernt und erfahren, wie es ist, wenn Sie mehrmals hintereinander auf Gewinneraktien setzen, wenn Sie mehrmals hintereinander die richtigen Entscheidungen treffen und über den Markt triumphieren. Das Gefährliche dabei ist Folgendes: Während bei Verlustengagements meistens die anderen schuld sind, also der Bankberater, die Politik oder die allgemeine Wirtschaftssituation, sind wir dann, wenn unsere Aktienpositionen Gewinn bringen, selbst die Entscheider. Geht es gut, übernehmen wir „freiwillig" jede Verantwortung für unsere Börsengewinne. Fatal wird es, wenn in günstigen Zeiten ein Gewinn dem nächsten folgt. Mit jedem neuen Gewinn werden wir sorgloser. Jeder neue Gewinn (denn für Gewinne sind wir ja schließlich selbst verantwortlich) signalisiert uns: „Hey, du hast die Börse im Griff." Mit jedem Gewinn sind wir der wachsenden Ansicht und Überzeugung, wir hätten nun den Dreh für dauerhafte Börsengewinne gefunden. Diese Phase der persönlichen Selbstüberschätzung ist die gefährlichste im Leben eines jeden fortgeschrittenen Börsianers.

Nehmen wir als Beispiel die Entwicklung am Neuen Markt. Zu keinem Zeitpunkt der letzten Jahre erreichten mich mehr Zuschriften als im Frühjahr 2000, als der Neue Markt nach zuvor monatelangen, teils exorbitanten Kurssteigerungen einbrach. Die meisten waren offensichtlich völlig überrascht, dass der Einbruch gekommen war. „Wie kann es sein, dass der Markt nach monatelangen Gewinnen so plötzlich so schlecht sein soll", klagte einer. Hinter all dem steckt das Prinzip der „gelernten Sorglosigkeit", verbunden mit Kontrollillusion.

Die meisten fortgeschrittenen Anleger und immer wieder auch Profis sind der Meinung, mit zunehmenden Gewinnen die Börse im Griff zu haben. Man ist der festen Überzeugung, jetzt genau zu wissen, wann und warum Kurse steigen oder fallen. Man kennt die Einflussfaktoren, denkt man – und zack! – erwischt einen ein Kurseinbruch. Das Dumme ist nur: Nach dem Prinzip der gelernten Sorglosigkeit steigen, je länger die vermeintlich selbst kontrollierte Gewinnphase anhält, die Einsätze. Das bedeutet: Wer hier nicht Acht gibt, hat gerade dann am meisten investiert, wenn der Kurseinbruch kommt (der doch eigentlich gar nicht kommen dürfte). Auch hier ist das Beispiel des Neuen Marktes und dessen Entwicklung bis zum Frühjahr 2000 beispielhaft. Alle Hinweise, dass die Börse keine Einbahnstraße sei, wurden ignoriert. Die Euphorie kannte keine Grenzen. Immer mehr Anleger kauften zu immer höheren Kursen mit dem gefährlichen Trugschluss, dass die Gewinne – wie immer – wohl auch künftig zu erzielen seien. Allein der NEMAX ALL SHARE Index stieg von Oktober 1999 von 2 700 Punkten auf 5 400 Punkte im Februar 2000. Damit nicht genug: Die der Kontroll-Illusion und der zunehmenden Sorglosigkeit verfallene Menge der Anleger sorgte für einen weiteren Kursschub auf über 8 200 Punkte im März 2000. Ein anderes bekanntes Beispiel ist die Geschichte des britischen Spekulanten Nick Leeson. Seine Kollegen nannten ihn schon den „Mann mit der goldenen Nase", nachdem er einen Rekordgewinn nach dem anderen erzielte. Die Wahrheit war: Auch Leeson unterlag der Kontroll-Illusion und führte mit seinen letztlich waghalsigen Spekulationen das altehrwürdige Bankhaus Barings in den Ruin. Dann brach der Markt ein.

Fazit: Hüten Sie sich vor solchen Situationen, in denen Sie sorglos werden und der festen Überzeugung sind, Sie hätten die Börse im Griff (Kontroll-Illusion).

Zunehmende Selbstverpflichtung

Eine von vielen Börsianern unterschätzte, psychologisch bedingte Verhaltensweise ist die der zunehmenden Selbstverpflichtung. Diese zunehmende Selbstverpflichtung knüpft in einzelnen Verhaltensweisen an die „Truthahn-Geschichte" an, hat jedoch noch zusätzliche Hintergründe. Dahinter steht folgendes Phänomen: Je länger Sie in eine Aktie investieren, desto stärker identifizieren Sie sich mit dieser Aktie und umso verzerrter ist Ihre eigene Urteilsfähigkeit. Das trifft insbesondere auch dann zu, wenn sich eine Aktie nach einem Kauf längere Zeit überhaupt nicht oder nur kaum bewegt, also einfach leicht nach oben und unten pendelt. Je länger diese Zeit anhält, umso schwerer fällt es den meisten Anlegern, sich von solchen Aktien zu trennen. Dahinter steht der Gedanke: „Wenn ich heute verkaufe und morgen kommt es zu dem lang erwarteten Kurssprung, ärgere ich mich fürchterlich." Die Folge: Der so denkende Anleger bleibt dabei und die Falle der zunehmenden Selbstverpflichtung schnappt weiter zu.

Um diese Falle vollends zu durchschauen, muss man sich den Grund für den Kauf einer Aktie noch einmal ins Gedächtnis rufen: Zum Zeitpunkt eines Aktienkaufs beziehen Sie Stellung – ob Sie wollen oder nicht, ob Sie Ihre Hausaufgaben gemacht haben oder nicht: Wenn Sie kaufen, signalisieren Sie: „Ich kaufe, weil ich glaube, die Aktie steigt." Dadurch, dass Sie, bewusst oder unbewusst, Stellung beziehen, legen Sie den Grundstein für Ihre in der nächsten Zeit wachsende Selbstverpflichtung. Denn würden Sie ohne Gewinn aussteigen, hätten Sie offensichtlich beim Kauf eine falsche Entscheidung getroffen. Das Ganze wäre umso schlimmer – wie bereits oben beschrieben –, wenn sich nach einem möglichen Verkauf die Richtigkeit Ihrer ursprünglichen Entscheidung herausstellen würde, weil es dann plötzlich zum Kursanstieg kommt.

Fazit: Meiden Sie jegliche Form derartiger Selbstverpflichtung. Versuchen Sie jede Form von innerem, wachsendem Rechtfertigungsdruck wegzuschieben. Um auf Dauer gewinnen zu können, müssen Sie freie Entscheidungen treffen.

Selektive Wahrnehmung

Nicht ist gefährlicher als dieses Phänomen der selektiven Wahrnehmung. Ich möchte Ihnen an dieser Stelle die wahre Geschichte eines jungen Mannes schildern , die um das Jahr 1989/1990 spielt. Dieser junge Mann, nennen wir ihn Marc, ist begeisterter Börsianer. Er darf sich längst als fortgeschrittener Börsianer sehen. Er kennt die Einflussfaktoren der Börse, hat bereits gewonnen und verloren. Sein Lieblingsmarkt: die japanische Börse. Hier versprechen Optionsscheine Gewinne in vierstelliger Höhe, und dies nicht in Monaten, sondern in wenigen Wochen. Marc liest alles, was er über den japanischen Markt lesen kann; ob zur Kultur oder zur Gesellschaft. Vor kurzem hat er sich das Japan Company Handbook besorgt. Marc weiß also Bescheid. Dummerweise erzählt ihm keiner von dem Prinzip der erlernten Sorglosigkeit und als der japanische Börsenmarkt 1990 auf Talfahrt geht, hat Marc alles Geld, was er aufbringen konnte, investiert. Um es vorwegzunehmen: In den kommenden Monaten verliert Marc mit seinen Engagements in japanische Optionsscheine ein großes Vermögen. Zum ersten Mal erfährt er, wie wahr der Spruch ist, dass an der Börse verdientes Geld Schmerzensgeld ist. Die Gewinne der letzten Jahre sind alle dahin.

Besonders fatal jedoch: Nachdem der japanische Markt bereits einige Tage stark gesunken ist (was in Marcs Vorstellung bislang gar keinen Platz hatte), bleibt Marc der japanischen Börse treu. Er sucht nach allen möglichen Erklärungen in der Presse, die für einen baldigen Aufschwung sprechen. Zu diesem Zeitpunkt unterliegt Marc unwissentlich dem Phänomen der selektiven Wahrnehmung. Er ignoriert schlichtweg alle negativen Wirtschaftsberichte und die Schwächen der japanischen Wirtschaft und er nimmt selektiv nur noch wahr, was seinen eigenen Vorstellungen der stets steigenden Kurse an der japanischen Börse entspricht.

Fazit: Hüten Sie sich vor dieser selektiven Wahrnehmung. Sobald Sie feststellen – und das spüren Sie, das wusste auch Marc! –, dass Sie beginnen, die Informationen von der Börse nur noch dann wahrzunehmen, wenn Sie in Ihre eigenen (Wunsch-)Vorstellungen passen, suchen Sie unbedingt das Gespräch mit einigen guten Freunden, die sich ebenfalls an der Börse auskennen. Nichts ist schlimmer, als wenn zu dem Phänomen der selektiven Wahrnehmung später noch die Truthahn-Variante und die zunehmende Selbstverpflichtung hinzukommen. Dann ist der finanzielle Ruin vorprogrammiert.

Checkliste Börsenpsychologie

Im Folgenden habe ich eine kleine Checkliste zusammengestellt. Ich empfehle Ihnen, von Zeit zu Zeit diese Checkliste durchzugehen und die einzelnen Punkte abzuhaken. Wenn Sie die Mehrzahl der Punkte mit einem Ja beantworten müssen, können Sie sicher sein, dass der Börsenmarkt sich in einem Stadium psychologischer Überhitzung befindet. Spätestens dann ist es höchste Zeit, dass Sie bei einigen Ihrer Engagements Kursgewinne realisieren sollten, um ruhigere Zeiten abzuwarten.

Diese Checkliste erhebt keinen Anspruch auf Vollständigkeit und eine Gewähr für richtige Prognosen bietet sie auch nicht. Ich habe lediglich die Punkte aufgeführt, die meiner Ansicht nach über ein Jahrzehnt hinweg immer wieder aufgetaucht sind, sobald Börsenpsychologie die Börsenkurse in irrationale Höhen getrieben hat.

Werden ständig neue KGV-Rekorde gemeldet und wird in den Medien immer wieder aufs Neue begründet, dass alte Methoden der Marktpreisbestimmung nicht mehr gültig sind? ☐

Beherrscht das jeweilige Börsenthema, beispielsweise der Neue Markt, nahezu alle Medien bis hin zu Nachrichtensendungen? ☐

Ist die Stimmung nach den Nachrichten nahezu einheitlich optimistisch ? Kommt es zu Kommentaren wie „Aufbruch in eine neue Ära" und ähnlichen? ☐

Bewegen sich die Aktienkurse in Schwindel erregende Kursformationen mit großem Abstand zu langfristigen, gleitenden Durchschnittslinien? ☐

Kommt es innerhalb des betrachteten Marktes ständig zu Neuemissionen, auf Dauer mit abnehmender Qualität? ☐

Ruft der amerikanische Notenbankchef bereits zum wiederholten Male zur Besonnenheit auf? ☐

Überschlagen sich Börsenmeldungen in dem betreffenden Markt und nehmen nichtssagende Meldungen der Unternehmen zu? ☐

© www.BerndWKloeckner.de

Immer und immer wieder kommt es an den Börsen zu Kursbewegungen, die niemand und wirklich niemand vorhergesehen hat. Der Grund: Psychologie ist das A und O an der Börse. Wie kann es sonst sein, dass trotz hervorragender Unternehmensergebnisse manche Aktienkurse in den Keller sinken und andere Aktienkurse, trotz miserabler Unternehmensdaten, von einem Kurshoch zum nächsten fliegen? Es liegt daran, dass dahinter Menschen und damit Emotionen stehen, dass Psychologie im Spiel ist.

Zum Ende dieses Kapitel „Börsenpsychologie für Fortgeschrittene" bitte ich Sie daher, sich selbst Gedanken zu machen, was Sie künftig, nachdem Sie die letzten Seiten gelesen haben, ändern wollen.

Die Wissenschaft, die bei Betrachtung des Börsengeschehens den Menschen in den Mittelpunkt stellt und die sich mit der Psychologie der Finanzmärkte beschäftigt, nennt sich „Behavioral Finance". Eines der besten Bücher zu diesem Thema, das ich Ihnen nur immer wieder empfehlen kann, ist „Behavorial Finance" von Joachim Goldberg und Rüdiger von Nitzsch. Die beiden Autoren beschreiben auf faszinierende Weise, wie Gefühle, Geldgier, Überheblichkeit und andere menschliche Eigenschaften Kurse beeinflussen. Das Buch wird Sie begeistern!

Gewinnerstrategien, die Sie kennen müssen

Zu wissen, wie man etwas macht, ist nicht schwer.
Schwer ist nur, es zu machen.
Chinesisches Sprichwort

Die Dividendenstrategie

Was gäbe es Schöneres, als wenn Sie mit einer einzigen Strategie gleichzeitig sicher, einfach und mit möglichst hoher Rendite am Aktienmarkt investieren könnten. Wenn es also insbesondere dann, wenn Sie Privatanleger sind, eine Strategie gäbe, die Sie nahezu ohne Aufwand und auch ohne großartige Kenntnisse vorauszusetzen zum Erfolg führen würde. Diese Strategie gibt es und sie ist als die so genannte Dividendenstrategie bekannt. Insider sprechen auch von der „Top 10 of Dow" oder der „Dog's of the Dow"-Strategie. Was genau sich hinter diesem Ansatz verbirgt und wie Sie diese Strategie für Ihre Investition in Aktien umsetzen können, möchte ich Ihnen nun verraten.

Das Besondere an dieser Strategie ist, dass mit ihrer Hilfe sowohl Sicherheit als auch Ertrag erzielt werden. Üblicherweise setzen Sie als Anleger, wenn Sie auf Nummer sicher gehen wollen, eher auf die so genannten „Value-Werte". Das sind Werte, bei denen nach Analyse des Unternehmens oder seiner Teilbereiche ein bestimmter Wert, eine gewisse Substanz sichtbar ist. So stellt zum Beispiel Immobilienbesitz oder ein Markenname einen Wert dar, den man in Zahlen ausdrücken kann. Eine Anlageentscheidung, die man vom Wert des Unternehmens abhängig macht, bezeichnet man in der Fachsprache als den so genannten Value-Ansatz. Aktienkurse von Unternehmen mit echter Wertsubstanz zeigen sich im Vergleich zu Aktien aus neuen Branchen sehr unbeweglich und fast schon „langweilig". Also nichts für die Anleger, die bereits große Kurssprünge eines Evotec Biosystems, einer Kontron oder Commerce One „hautnah" im eigenen Wertpapierdepot miterlebt haben. Wie dem auch sei: Wer seine Auswahl an Aktien nach dem Value-Ansatz trifft, wird sich jedenfalls mit zwei Problemen auseinander setzen müssen.

Das erste Problem ist die Aktienanalyse selbst, denn bis Sie als Privatanleger verlässlich eine Aussage darüber machen können, ob eine Aktie nach dem „Value"-Ansatz unterbewertet und damit kaufenswert ist, dürften Monate vergehen – wenn Ihnen diese Bewertung überhaupt gelingt. Und wenn es Ihnen schließlich nach Monaten gelingt, würde es Ihnen nichts mehr nützen. Zwischenzeitlich hätte sich bereits wieder alles geändert.

Zum anderen: Wie die Ergebnisse so mancher Altmeister der Börse zeigen, liegt der Haken an diesem Value-Ansatz darin, dass insbesondere Wachstumsaktien – mittlerweile die Mehrzahl aller notierten Aktien – sich oft gar nicht nach Substanz beurteilen lassen. Sie spielt bei diesen Werten noch eine untergeordnete Rolle. Wichtig dagegen sind Perspektiven eines neuartigen Produktes oder einer Dienstleistung, technologischer Fortschritt, Innovationsfreudigkeit, Expansion durch Fusion und die daraus folgernde mögliche Gewinnung von Marktanteilen. Kurz, die „Story" muss stimmen, damit sich diese Kurse bewegen. Beurteilen Sie eine Aktie anhand dieser Zukunftskriterien, so bezeichnet man das in der Fachsprache als so genannten „Growth-Ansatz"

Zurück zur Dividendenstrategie und zum einfachen Konzept von Michael O'Higgins. Er war es, der 1991 in seinem Buch „Beating the Dow" die Dividendenstrategie ausführlich beschrieb. An der Gültigkeit dieser Dividenenstrategie hat sich bis heute nicht viel geändert. Die einzelnen Erfolgsschritte dieser Strategie sind wie folgt:
1. Man beschränkt sich auf die Werte des Dow Jones Industrial Index, also auf die Industriewerte.
2. Die höchstmögliche Dividendenrendite ist das Auswahlkriterium.
3. Sie suchen die zehn Werte mit der höchsten Dividendenrendite aus.
4. Sie investieren in jeden Wert den gleichen Betrag.

5. Nach einem Jahr erfolgt die Neubewertung des Depots: Aktien, die nicht mehr unter die zehn Aktien mit der höchsten Dividendenrendite fallen, werden verkauft. Das Depot wird neu ausgerichtet nach den Aktien der dividendenstärksten Unternehmen.

Nun zu den Ergebnissen dieser Strategie: Im Zeitraum zwischen 1973 und 1995 (Quelle: VNR Verlag für die Deutsche Wirtschaft AG) erzielten Anleger, die nach dieser Dividendenstrategie in Aktien investierten, eine Rendite von durchschnittlich rund 17 Prozent jährlich gegenüber dem Gesamtmarkt, der sich jährlich mit durchschnittlich 11 Prozent entwickelte. Nach Einzeljahren betrachtet, gab es lediglich fünf Jahre, in denen der Gesamtmarkt ein besseres Ergebnis brachte.

Die „Low 5-Strategie" als Erweiterungsmodell der Dividendenstrategie

Bei dieser Strategie versuchten einige Profis, die Auswahl der stärksten Dividendenwerte weiter zu optimieren. Nach dem Motto „Im Einkauf liegt der Gewinn" wählten sie bei einem zweiten Durchlauf aus den zehn stärksten Dividendenwerten diejenigen aus, die gleichzeitig den jeweils aktuell niedrigsten Kurs hatten.

Das Ergebnis kann sich sehen lassen: Wer die „Low 5-Strategie" zusätzlich anwandte, erzielte jährlich eine durchschnittliche jährliche Rendite von rund 20 Prozent.

Im Folgenden nochmals der Vergleich:

	Zeitraum 1973 bis 1995 (durchschnittliche Wertentwicklung pro Jahr)
Gesamtmarkt	11 Prozent
Dividendenstrategie	17 Prozent
Dividendenstrategie kombiniert mit der „Low 5-Strategie"	20 Prozent

Fazit: Wer in dem betrachteten Zeitraum sein Geld in Aktien nach den Vorgaben der Dividendenstrategie anlegte, erzielte gegenüber der Wertentwicklung des Gesamtmarktes ein 3,3fach besseres Ergebnis, kombiniert mit der „Low 5-Strategie" sogar ein 6fach besseres Ergebnis.

Diese beiden Strategien lassen sich nach Studien der Investmenthauses Merrill Lynch nicht ohne weiteres auf andere Märkte, also auf andere Börsen übertragen. Auf Deutschland bezogen, also in diesem Fall bei einer Auswahl aus den DAX-Werten, kamen die Investmentbanker von Merrill Lynch jedoch zu dem Ergebnis, dass auch hier die Kombination aus Dividendenstrategie und „Low 5-Strategie" die Wertentwicklung des Gesamtmarktes spürbar geschlagen hat. Im Zeitraum 1986 bis 1996 stieg der DAX jährlich durchschnittlich um knapp 10 Prozent, die Kombination der beiden Strategien brachte eine durchschnittliche Steigerung von über 21 Prozent. Der Erfolg dieser Strategienkombination in Deutschland und in den USA in den jeweils genannten Zeiträumen ist umso beachtlicher, als dass die Mehrzahl der von Profis gemanagten Aktienfonds in den meisten Jahren noch nicht einmal den jeweiligen Index schlägt.

Jacob Boudoukh und die Dividendenstrategie

Mit der Dividendenstrategie hat sich in ausführlichen Studien auch Jacob Boudoukh von der Stern School in New York beschäftigt. Auch Boudoukh kam zu dem Ergebnis, dass hohe Dividendenrenditen in der Regel zu hohen Kursgewinnen führen. Die Erklärung dieses Phänomens ist einleuchtend. Unternehmen beziehungsweise deren verantwortliche Führungskräfte werden in der Regel nur dann die Dividende erhöhen, wenn sie sicher sind, in Zukunft entsprechende Gewinne zu erzielen. Denn wer einmal eine hohe Dividende verspricht und dann mangels ausreichender Gewinne seine Dividendenversprechen reduzieren muss, wird schnell bestraft. Anleger wie Analysten reagieren auf Dividendenkürzungen in der Regel mit sofortigen Verkäufen. Die Folge: Das verantwortliche Management wird alles daransetzen, Dividenden erst dann zu erhöhen, wenn nahezu sicher ist, dass die den jeweiligen Dividendenzahlungen zugrunde liegenden Prognosen der Geschäftsentwicklung auch wirklich gehalten werden können. Boudoukhs Bestätigung der Dividendenstrategie bekommt weitere Schützenhilfe von den US-Forschern Benartzi, Michaely und Thaler. Wie die Wirtschaftsjournalistin Kathrin Quandt im Juni 2000 im „Handelsblatt" berichtete, wiesen die drei Wissenschaftler nach, dass hohe Dividenden langsam in die Aktienkurse eingehen und langfristig die mit den jeweiligen Aktien zu erzielenden Renditen erhöhen. In Zahlen ausgedrückt kamen die Wissenschaftler zu dem Ergebnis, dass Unternehmen, die die Dividende erhöht haben, in den folgenden 36 Monaten eine um bis zu 20 Prozent bessere Wertentwicklung aufwiesen als der Gesamtmarkt. Worauf Kathrin Quandt ebenfalls hinweist ist, dass Anleger als letztes Kriterium zusätzlich auf das Momentum (Kursentwicklung der letzten 12 Monate) achten sollten. Nur dann, wenn ein Aktienkurs in diesem Zeitraum gestiegen ist, kommt der betreffende Wert in die engere Wahl der dividendenstärksten Titel.

EXPERTENTIPP

Wer langfristig sicher und mit möglichst hoher Rendite in Aktien investieren will, für den eignet sich diese Dividendenstrategie sehr gut. Hier gilt: Die in der Vergangenheit mit dieser Strategie oder diesen Strategien erzielten Erfolge sind naturgemäß keine Garantie für künftige Gewinne oder Mehrerträge. Und letztlich kann es keine Sicherheit geben, dass Sie mit der Dividendenstrategie, ggf. kombiniert mit der „Low 5-Strategie", stets besser liegen.

An dieser Stelle möchte ich André Kostolany heranziehen, der auf die Frage, ob man als Aktieninvestor mit oder ohne Strategien an der Börse sichere, dauerhafte Gewinne erzielen könne, sinngemäß antwortete: Man kann an der Börse verdienen, sehr viel verdienen. Man kann eventuell sogar reich werden. Man kann aber auch verlieren, viel verlieren. Eventuell kann man alles verlieren und zugrunde gehen. Aber nie kann man an der Börse mit der Investition in Aktien ein festes Einkommen pro Jahr kalkulieren. Es sei denn, man investiert in festverzinsliche Wertpapiere statt in Aktien. Richtig ist: Ein Spekulant kann über Jahre erfolglos sein und einen Verlust nach dem anderen einstecken. Doch dann kommen möglicherweise einige Monate, in denen er ein Vielfaches dessen gewinnt, was er in den Jahren zuvor verloren hat.

Die Momentum-Strategie

Eine Beschreibung des Momentums finden Sie auf Seite 37 . Die Methode des Momentum-Investments kam 1999 und 2000 immer mehr in Mode und ist von den soeben genannten Strategien die simpelste. Hierbei investieren Anleger vor allem in solche Aktien, die sich in einem Trend bewegen, also entweder in einem Aufwärts- oder Abwärtstrend, wobei die Investition in den Aufwärtstrend üblicher ist.

Der große Nachteil dieser Methode: Alle Anleger springen auf einen immer schneller und in eine Richtung fahrenden Zug auf. Je stärker einzelne Werte steigen und je mehr Anleger nach dieser Momentum-Strategie investieren, desto mehr verstärkt sich die Aufwärtsbewegung einiger weniger Werte.

Im Folgenden ein Beispiel dafür, wieso es wichtig ist, diese Momentum-Strategie und ihre Folgen zu kennen, wenn Sie den Markt beobachten und ggf. billig einkaufen wollen: Von Mitte 1998 bis Mitte 2000 sprach „alle Welt" von steigenden Aktienkursen. Richtig jedoch war: Es waren vor allem die Werte der Wachstumsbranchen Technologie, Telekommunikation, Biotechnologie und Medien, die es so aussehen ließen, als ginge es an der Börse nur nach oben. Insbesondere die Technologiewerte, die im Index sehr hoch gewichtet wurden – allein die *Deutsche Telekom* im Sommer 2000 mit einem Anteil von knapp 14 Prozent –, zogen die Gesamtentwicklung auf den ersten Blick nach oben. Die so genannten Value-Werte litten dagegen in dieser Zeit zum Teil erheblich mit der Folge, dass die Kurse im Sommer 2000 günstige Kaufkurse waren. Dazu kommt: Bei der Investition in diese Value-Werte orientieren sich

Anleger an den fundamentalen Daten. Im Sommer 2000 konnten also clevere Anleger, die gegen den Trend handelten, hervorragend zu günstigen Preisen Value-Werte kaufen.

Welche Strategie ist die beste?

Nachdem nun einige Strategien besprochen wurden, geht es abschließend darum zu klären, welche Strategie den bestmöglichen Erfolg verspricht. Gibt es womöglich sogar die Gewinnerstrategie schlechthin? Betrachten wir einmal die Zahlen des ersten Halbjahres 2000. Die Zeitschrift „EURO am Sonntag" verglich in ihrer Ausgabe vom 9. Juli drei Depots:

Low-Five-Dividend-Strategy	minus 6,08 Prozent
Momentum-Strategie	plus 17,23 Prozent
PEG-Methode (moderat bewertete, aber kontinuierlich ihre Gewinne steigernde Unternehmen)	minus 10,19 Prozent

Die Ergebnisse für den Zeitraum vom Jahresanfang bis August 2000 sahen in „EURO am Sonntag" wie folgt aus:

Low-Five-Dividend-Strategy	minus 4,87 Prozent
Momentum-Strategie	plus 19,64 Prozent
PEG-Methode	minus 5,89 Prozent

Wie schnell selbst bei einer dieser Strategien außergewöhnliche Ereignisse das Gesamtergebnis beeinflussen können, zeigt sich zum Beispiel an der „Low 5-Strategie". Brachte im Jahr 1999 die Investition in Aktien nach dieser Strategie noch rund 60 Prozent Wertzuwachs, verdarb der Kursrutsch bei der – nach dieser Strategie – ausgewählten *Thyssen-Krupp*-Aktie im ersten Halbjahr 2000 das Ergebnis. *Thyssen* als Flop des ersten Halbjahres verlor immerhin über 40 Prozent. Interessant sind auch die Ergebnisse der PEG-Strategie beim näheren Hinsehen: *DaimlerChrysler, Karstadt-Quelle* und *Preussag* waren unter den sechs mit PEG-Strategie ausgewählten Werten. Dumm nur war, dass diese drei Werte im ersten Halbjahr ebenfalls zu den großen Verlierern gehörten.

Zum Schluss noch zwei Strategien, die ich nach Personen benannt habe. Es handelt sich einmal um die Bill-Staton-Strategie und um die Jesse-Livermore-Strategie. Diese beiden Strategien sind meine persönlichen Lieblingsstrategien. Und Sie sind für jeden unmittelbar umsetzbar. Während Bill Statons Strategie eine besondere Strategievariante der Aktienauswahl ist, ist Ihnen die Grundlage der Strategie von Jesse Livermore bekannt, doch die wenigsten handeln konsequent nach dieser Strategie, die Jesse Livermore ein Vermögen brachte. Ich habe mit allen möglichen Tradingkonzepten versucht zu investieren. Heute glaube ich, jeder erfolgreiche Investor findet, wenn er lange genug praktische Erfahrung sammelt, eine für ihn passende Strategie. Bei mir war es die Jesse-Livermore-Strategie. In den Grundzügen bekannt, hatte ich es nie konsequent selbst versucht. Heute weiß ich: Die Jesse-Livermore-Strategie ist einer der Strategien, die zu mir passen.

Die Bill-Staton-Methode

Fünf Schritte, wie Sie mit dieser Strategie Ihr Geld mit Aktien alle fünf bis sechs Jahre verdoppeln

Bevor ich Ihnen diese sieben Schritte nenne, möchte ich Ihnen noch eine Geschichte erzählen. Diese Geschichte stammt von Anthony Robbins, der zu den besten Trainern Amerikas gehört. In einem seiner erfolgreichen Seminare beschreibt er die Geschichte von Bill Staton. Staton absolvierte sein Studium zum MBA an der Wharton School. Er wurde bekannt als einer der besten Börsenmakler an der Wall Street und veröffentlichte zahlreiche Publikationen rund um das Thema des erfolgreichen Investments. Bill Staton war es, der Folgendes entdeckte: Als er auf der Suche nach den besten börsennotierten Unternehmen war, ging er nach zwei Kriterien vor. Erstens mussten die Unternehmen, die nach Staton in die engere Wahl kamen, mindestens zehn Jahre lang höhere Gewinne erzielt haben und/oder zweitens ebenfalls über die gleichen zehn Jahre jeweils höhere Dividenden. Nach Staton waren die Firmen, die diese Kriterien erfüllten, außergewöhnlich erfolgreich und vor allem ertragsfähig. Staton führte seine Untersuchung 1995 durch. Damals gab es rund 16 000 öffentlich gehandelte Aktien. Die beiden von Staton vorgegebenen Kriterien erfüllten jedoch nur knapp 420 der insgesamt 16 000 Unternehmen; somit 3 Prozent. Diese nach der Definition von Staton ertragreichen Unternehmen erzielten im Durchschnitt 3 Prozent mehr Gewinn als die anderen Unternehmen. Der Gesamtmarkt von 1949 bis 1995 hatte im Durchschnitt 12 Prozent gemacht; die besten Unternehmen nach Staton also 15 Prozent. Das wiederum bedeutet: Mit 15 Prozent angelegt würde sich Ihr Kapital alle 5 Jahre verdoppeln. Aus 50 000 Mark würden so in 20 Jahren immerhin rund 800 000 Mark.

Nun zu den Schritten, durch die Sie auf der Grundlage von Statons Methode Ihr Kapital alle paar Jahre verdoppeln können:
1. Suchen Sie die Firmen, die nach der Bill-Staton-Methode in die engere Wahl kommen.
2. Wählen Sie aus den infrage kommenden Unternehmen fünf bis zehn Unternehmen (möglichst unterschiedlicher Branchen), in die Sie gemäß Ihrem Wissen und Ihrem Informationsstand investieren wollen.
3. Investieren Sie jeden Monat die gleiche Summe in diese ausgewählten Aktien.
4. Wenn Sie Dividendenzahlungen erhalten, investieren Sie auch diese Zahlungen in die ausgewählten Aktien.
5. Überprüfen Sie jedes Jahr zum Jahresende, ob die von Ihnen gewählten Unternehmen noch immer nach der Bill-Staton-Methode in die engere Wahl kämen. Wenn ja, investieren Sie weiterhin, und falls nein, verkaufen Sie.

Was Sie bei der antizyklischen Strategie beachten müssen

Bei dieser Strategie geht es darum, dass Sie gegen den Trend handeln sollen. Also vor allem dann, wenn plötzlich alle Welt nur noch von Aktien und reich werden redet. „Bild" vom 3. April 2000 brachte als Titelzeile: „Wie reich kann ich werden?". „Bild" ist die Zeitung schlechthin, um

Trends zu erkennen, wenn sie extrem werden. Das gilt bei Kursbewegungen nach oben wie auch nach unten.

Hintergrund: Ab Montag, 3. April, wurde ein Ansturm auf die neue Telekom-Aktie erwartet. „Bild" schrieb „Fieber-Börse". Millionen Anlegern kribbelt es wieder in den Händen ... Und die Deutschen sind heiß ...". Wer schnell an den zu Recht als „Fieber-Börse" genannten Märkten noch einmal abkassieren wollte, wurde in der folgenden Zeit enttäuscht. Der Aktienkurs der Deutschen Telekom sank und sank.

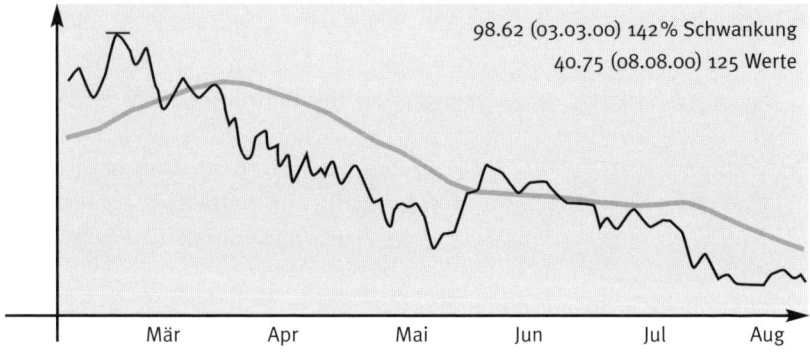

98.62 (03.03.00) 142% Schwankung
40.75 (08.08.00) 125 Werte

Mär   Apr   Mai   Jun   Jul   Aug

Quelle: www.LYCOS.de, Stand August 2000

Im Folgenden ein weiteres Beispiel: Der Neue-Markt-Index war eine Zeit lang in den Keller gerutscht. Dann, an einem einzigen Tag, stieg der NEMAX 50, also der Index der 50 wichtigsten Zukunftstitel, um sage und schreibe rund 1 000 Punkte oder knapp 15 Prozent. Auch der NEMAX-ALL-SHARES-Index legte entsprechend zu. An einem Tag konnten diejenigen, die rechtzeitig eingestiegen waren, also mehr verdienen als Sparbuchbesitzer in fünf Jahren. Dazu titelte die „Bild" am 7. April 2000: „Börse: Jetzt Kaufpanik".

An nur einem einzigen Tag drehte also die noch wenige Tage zuvor miserable Stimmung. Die meisten sprachen von der großen Wende. Doch der Schein trog, wie der Blick auf den Chart im August 2000 zeigt. Statt dass die vermeintliche Kaufpanik die Kurse nach oben trieb, ging es in den Monaten darauf weiter bergab.

Die folgende Grafik ist der Suchmaschine LYCOS entnommen. Finanzinteressierte finden bei www.LYCOS.de unter der Rubrik Finanzen jede Menge brauchbarer Informationen rund um die Börse.

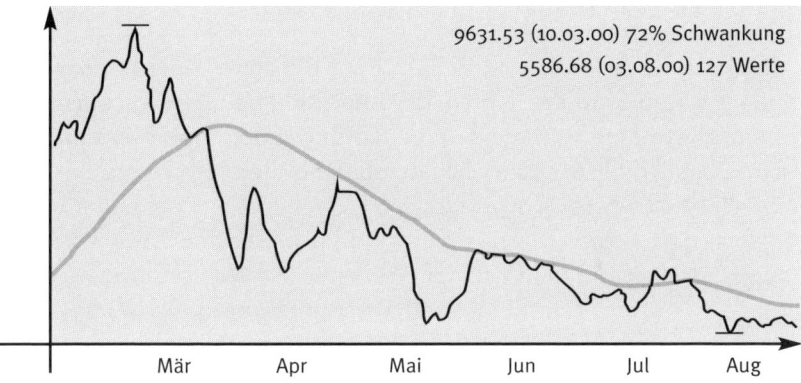

9631.53 (10.03.00) 72% Schwankung
5586.68 (03.08.00) 127 Werte

Mär   Apr   Mai   Jun   Jul   Aug

Quelle: www.LYCOS.de, Stand August 2000

Fazit: Wer Anfang April 2000 dachte, wegen der offensichtlichen Kaufpanik ebenso schnell noch zugreifen zu müssen, verlor in den Monaten darauf einen Teil seines Geldes. Auch in diesem Fall galt und gilt bis heute unverändert: Lassen Sie sich niemals von allgemeiner Kaufpanik oder Verkaufpanik anstecken, sondern reagieren Sie antizyklisch! Dabei gilt jedoch: Diese antizyklische Strategie dürfen Sie nicht anwenden, wenn ein Trend noch ganz frisch ist. Die antizyklische Strategie empfiehlt sich insbesondere dann, wenn ein Börsenmarkt schon einige Zeit nur in eine Richtung gelaufen ist und heißzulaufen droht, wenn es also dazu kommt, dass jeder nur noch fragt „Wie reich kann ich werden?"

Gewinnen mit der Jesse-Livermore-Strategie

Jesse Laurston Livermore, geboren 1877 in Shrewsbury, Massachusetts, war das einzige Kind seiner Eltern. Mit 14 Jahren bekam er einen Job als Kursaufschreiber bei einem Wertpapiermakler. Er tummelte sich bereits als Jugendlicher in den damaligen Aktienwettbüros, so genannten Bucket Shops. Livermore wurde durch seine waghalsigen Spekulationen schnell unter dem Namen „Jungzocker" bekannt und berüchtigt. Er spekulierte derart erfolgreich, dass er manchen Besitzer eines Bucket Shops nahezu in den Ruin trieb. Das Ergebnis war ein Handelsverbot mit der Konsequenz, dass Livermore an die Wall Street ging. Seine Gewinnerstrategie war ebenso einfach wie erfolgreich.

Ich kenne drei sehr erfolgreiche private Börsianer, die nach der Methode Livermores in den Jahren 1995 bis 2000 ein Vermögen gemacht haben. Livermores Strategie bestand darin, trendorientiert und prozyklisch zu handeln. Einer seiner Leitsätze lautete: „Ich verbillige nicht, sondern ich kaufe, wenn die Kurse steigen." Livermore war der festen Überzeugung, dass es keine angenehmere Form der Aktieninvestition gab, als in einem steigenden Markt ständig Aktien zu kaufen. Das bedeutet mit einfachen Worten: Livermore kaufte eben nicht nach, wenn eine Position fiel, sondern dann verkaufte er. Und wenn ein Markt zu steigen begann, begann er zu kaufen und kaufte, solange der Markt stieg, immer wieder einzelne Positionen nach.

Übertragen Sie diese Strategie einmal auf den Neuen Markt (Index und ausgewählte Aktien) und die Entwicklung von 1999 bis Anfang 2000. Wer hier prozyklisch und trendorientiert in einem steigenden Markt Aktien kaufte und kaufte, verdiente ein Vermögen. Interessant im Zusammenhang mit der Livermore-Methode ist: Als Livermore einmal gegen seine Gewohnheit, mit dem Trend zu gehen, antizyklisch Baumwolle gegen den Trend verkaufte, verlor er rund 90 Prozent seines bis dahin angesammelten, großen Vermögens.

Übrigens: Die Bücher von Jesse Livermore sollten Sie unbedingt gelesen haben. Sie werden darin, erst recht als fortgeschrittener Börsianer, jede Menge Parallelen zu Ihren eigenen Börsengeschäften finden.

Fazit: In Gesprächen mit Seminarteilnehmern stelle ich immer wieder fest, dass jeder eine oder zwei Lieblingsstrategien hat. Niemand handelt x-beliebig oder mal nach dieser, mal nach jener Strategie. Das Handeln nach einer oder zwei ausgewählten Strategien ist wichtig, denn je intensiver Sie sich mit einer Strategie auseinander setzen, desto besser setzen Sie sie auch in die Praxis um. Sie müssen auf Dauer an der Börse nicht auf viele unterschiedliche Arten gewinnen. Es genügt, wenn Sie auf Dauer immer wieder mit ein oder zwei ausgewählten Strategien gewinnen!

Börsen-Know-how
für langfristige Gewinne

Der Gewinnerzyklus für Börsianer

Im Folgenden möchte ich Ihnen noch einmal den einfachsten, jedoch meist zutreffenden Gewinnerzyklus vorstellen:

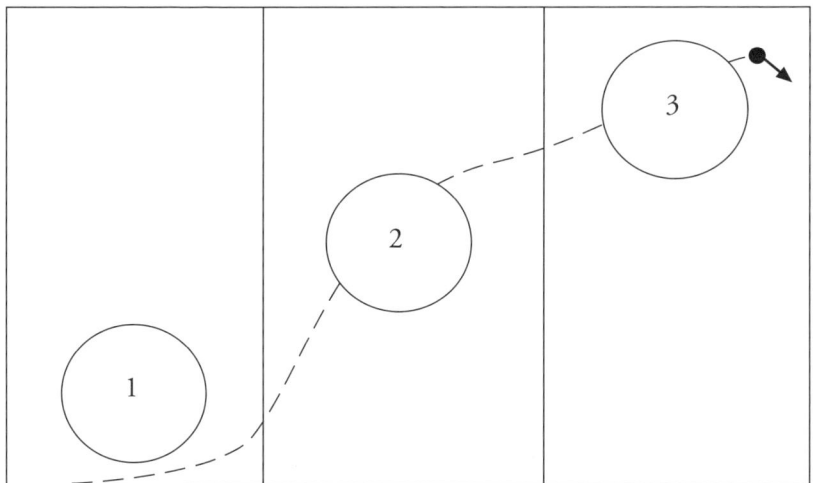

In dieser ersten Phase agieren nur wenige Investoren. Die Masse verhält sich – in der Regel aus Unkenntnis – kritisch und zurückhaltend; typisch ist die Phase der Unsicherheit nach einer Kurskorrektur.

Die zweite Phase ist die Ansteckungsphase. Kostolany verglich diese Phase gerne mit dem Hüsteln im Theater. Wenn die ersten ungeniert zu husten beginnen, tun es plötzlich alle. So werden in dieser zweiten Phase zunächst alle von der Meinung angesteckt. Das ist die Phase der Kommentare wie „Meinst du nicht auch ...“ und „Hast du auch schön gehört, die Börse ...“. Dann beginnen alle zu handeln. In der zweiten Hälfte dieser „Meinungs-“ und „Handlungsansteckung“ werden insbesondere die entscheidungsschwächeren Investoren, die eher Zittrigen mitgezogen. Viele sind jetzt der Meinung, dass die gemeinsame Ansicht „Der Markt zieht weiter nach oben ...“ umso richtiger ist, je mehr Menschen daran glauben. Die dritte Phase tritt ein, wenn der Markt gesättigt ist. Das wachsende Angebot, z. B. eine große – geplante – Zahl an Neuemissionen, steht einer geringer werdenden Nachfrage gegenüber. Der Markt ist gesättigt und die Kurse beginnen zu bröckeln.

EXPERTENTIPP

Geld und Geduld sind zwei Erfolgskriterien für Gewinner am Aktienmarkt. Bevor Sie Ihr Geld in Aktien investieren, sollten Sie sich zunächst immer vergewissern, in welcher Phase sich der jeweilige Markt soeben befindet. Die Praxis zeigt immer wieder: So einfach die Regel, nicht in einer Sättigungsphase einzusteigen, klingt, so schwer ist es, sich im Alltag – wenn alle nur noch von Gewinnen reden – daran zu halten. Doch seien Sie sicher: Ihre nächste Chance kommt bestimmt. Denken Sie immer daran: Eine der ältesten Börsenweisheiten ist, dass bis heute noch auf jeden Boom ein Crash und auf jeden Crash ein Boom gefolgt ist.

Die manische Verliererkette©

Auch bei dieser manischen Verliererkette geht es, anknüpfend an den soeben beschriebenen Gewinnerzyklus für Börsianer, um eine regelmäßig an den Börsen zu beobachtende Gesetzmäßigkeit.

Der Markt X wächst (z. B. Neuer Markt 1999 und 2000, japanischer Aktien- und Optionsscheinmarkt im Jahr 1989, 1990 usw.)

Nachfrage

Steigende Nachfrage (Analysten heben ihre Gewinnprognosen an)

Steigendes Angebot an Aktien (Neuemissionen)

Euphorie; Börse scheint zur Einbahnstraße zu werden

Einstieg der Massen und damit vieler Neueinsteiger mit sehr guten Aktientipps von guten Freunden („Zeit der Zittrigen" à la Kostolany)

Erste Gewinnwarnungen der Unternehmen. Kluft zwischen Analystenerwartung und den tatsächlichen Ergebnissen wird deutlich. Herabstufungsphase der Analysten beginnt; insbesondere Wachstumsbranchen korrigieren die Prognosen

Zusammenbruch/Einbruch auf breiter Front, negative Meldungen aus Unternehmen und Wirtschaft

Hierbei gilt: Alle Manien haben gemeinsam, dass die Marktteilnehmer sich nicht vorstellen können, dass die Kurse auch einmal sinken werden. So war es bei der Tulpenspekulation, so war es beim Crash 1929, so war es auch beim Crash am japanischen Aktienmarkt um 1990 und so wiederholte es sich ebenfalls am Neuen Markt im Frühjahr 2000. Alle diese

Manien enden unerwartet und abrupt. Es gibt keine großartigen Warn-signale. Nur die wenigsten Profis verstehen die fast immer gleichen Zei-chen für Manien – vgl. o. g. Geschehniskette – richtig zu deuten. Nehmen wir einmal als Beispiel die Jahre 1989/1990. Die seit Jahren steigenden Kurse des japanischen Aktienmarktes lösten eine Euphorie aus, die ihresgleichen suchte. Der japanische Index stieg von Tag zu Tag auf ein neues Hoch. Es gab die wildesten Gerüchte und abenteuerlichs-ten Begründungen für die ständig steigenden Kurse. Da war die Rede da-von, dass es durch die in Japan übliche Verflechtung der verschiedenen Unternehmen untereinander nie zu einem Crash kommen könnte. Die ganz Mutigen (oder Manischen), die in japanische Optionsscheine inves-tierten, überzeugten sich gegenseitig davon, dass japanische Options-scheine unterbewertet seien. Auch hier gab es die unglaublichsten Be-gründungen: So hieß es, dass bei den japanischen Optionsscheinen ein anderes Optionsverhältnis als das bei deutschen Optionsscheinen für die stets steigenden Kurse verantwortlich sei. Ich erinnere mich sehr gut an Freunde, die in ihrer Arbeitszeit zunächst jeden Morgen nach dem ge-meinschaftlichen Studium des „Handelsblatt" und anderer Wirtschafts-magazine ein Meeting der spekulierenden Arbeitnehmer abhielten. Nicht wenige hatten sich zu diesem Zeitpunkt bereits ausgerechnet, wann sie aufhören könnten zu arbeiten. Dann gab es den großen Knall an der ja-panischen Börse und der Nikkei Index ging für rund zehn Jahre in den Sturzflug. Die alte Regel, dass auf jede Hausse eine Baisse und auf jede Baisse eine Hausse folgt, war eingetreten.

Vergleichen Sie diese Situation mit der Börsenentwicklung am Neuen Markt Anfang 2000. Auch hier das gleiche Bild: In den Fluren so man-cher Büros gab es nur noch ein einziges Gesprächsthema: Aktien. Wer nicht mitreden konnte, fühlte sich fast schuldig, war „out". Das, was ich gemeinhin als Spielsucht bezeichne, griff um sich wie in allen Manien zu-vor. Spielsucht ist für mich dann gegeben, wenn die Schuld für Erfolge oder Misserfolge bei Börseninvestitionen plötzlich der langsamen Ab-wicklung bei der Bank zugeschoben wird. Wenn bei Willi S. oder Karl B., stellvertretend für alle anderen Spielsüchtigen, regelrecht Panik ausbricht, wenn sie – tagsüber als Speditionskaufleute oder sonst etwas beschäftigt – nicht im Minutentakt auf die Kurse zugreifen können.

Zu spekulativen Manien kommt es fast immer nur dann, wenn Wohlstand weit verbreitet ist, also wenn die Menschen „überflüssiges" Geld haben, was sie unbedingt anlegen wollen. Nicht selten kommt zu diesem „überflüssigen" Geld die Tatsache, dass die Aktienengagements „auf Pump", also auf Kredit extrem steigen. Auch hier gibt es zahlreiche Parallelen der einzelnen Manien untereinander, zuletzt auch am Neuen Markt. Die Kreditspekulation in Aktien erreichte neue Höchststände, weil jeder glaubte, die Börsenkurse könnten nur eines: weiter steigen.

EXPERTENTIPP

Hüten Sie sich vor solchen Zeiten spekulativer Manien. Gerade dann, wenn scheinbar alle Menschen in Ihrer Umgebung, seien es Freunde, Nachbarn oder Verwandte, nahezu mühelos Geld an der Börse machen und jeden Tag aufs Neue erzählen, wie sie reicher und reicher werden, sollten Sie tunlichst Ihr Geld in der Tasche behalten oder bestehende Engagements auflösen. Immer wieder von Neuem gegen den „manischen" Trend zu handeln verlangt jede Menge an Disziplin, spart jedoch auf lange Sicht eine Menge Geld, weil es Sie vor hohen Verlusten in der Abwärtsbewegung nach einer Manie schützt.

Was bedeuten so genannte Stützungskäufe für Aktionäre?

Immer wieder geschieht es, dass Sie eine neue (!) Aktie kaufen, die anschließend nach einem vorübergehenden Kursanstieg auf oder unter den Kurs fällt, den Sie bei Emission bezahlt haben. Ein Beispiel: Als sich die Telekom-Aktie Ende Juni 2000 einem weiteren Tiefkurs näherte, intervenierte die Deutsche Bank und versuchte, den Kurs der Telekom-Aktie zu stützen. Diese Form der Kurspflege ist durchaus üblich, insbesondere, wenn es sich um größere Emissionen handelt, deren Kursentwicklung von der Öffentlichkeit aufmerksam verfolgt werden. Für Sie als Anleger bedeutet eine solche Unterstützungsaktion keineswegs, dass Sie nun in

Panik geraten oder befürchten müssen, Ihre Aktien seien – ohne die Stützungsaktion – erheblich weniger wert. Denn es kann durchaus sein, dass die Aktie an und für sich hervorragende Chancen bietet, jedoch das insgesamt schlechte Börsenumfeld für den Kursrutsch verantwortlich ist. Wird in diesem Fall über Stützungsläufe versucht, die Nachfrage zu stimulieren, ist das legitim und durchaus in Ihrem Interesse. Wenn eine Bank in größerem Stil, wie seitens der Deutschen Bank bei der Telekom geschehen, Kurspflege betreibt, können Sie auch als Privatanleger sicher sein, dass die Bank sicher ist, langfristig ein gutes Geschäft zu machen.

Doch nicht nur bei neuen Aktien, auch bei Kurseinbrüchen von Indizes oder Währungen kommt es seitens Banken und Regierungen immer wieder zu Stützungskäufen. Einige Beispiele:

Juni 2000 – Als die Kurse der Comdirect-Aktie kurzfristig unter ihren Ausgabekurs von 31 Euro sanken, beendete die Muttergesellschaft Commerzbank die Talfahrt und griff mit Stützungskäufen ein.

Oktober 1998 – Die japanische Regierung versucht, mit Stützungskäufen den japanischen Nikkei-Index über der aus charttechnischer Sicht psychologisch wichtigen Marke von 13 000 Punkten zu halten.

August 1998 – Als im Crash-Monat August die Kurse in den Keller sanken und es auch an der Börse in Hongkong zu hohen Kursverlusten kam, stützte die Regierung den Aktienmarkt in Hongkong und kaufte für 25 Milliarden Aktien ein.

Oktober 1997 – Die Lufthansa beabsichtigt die restlichen Staatsanteile zu privatisieren. Dabei sollte der Ausgabepreis von rund 33 Mark nicht unterschritten werden. Die Folge: Stützungskäufe wurden nötig.

EXPERTENTIPP

Stützungskäufe allein bringen auf Dauer noch keine Gewinne und sind keineswegs ein Grund zur Sicherheit, dass der Kurs des Börsenwertes bald wieder steigt. Wenn Sie daher merken, dass trotz Stützungskäufen der Kurs der jeweiligen Aktie, des jeweiligen Index oder sonstigen Börsenwertes einige Zeit auf der Stelle verharrt, sollten Sie nach anderen Investitionsmöglichkeiten suchen.

Börsenrhythmen, die Sie beachten sollten

Im Folgenden möchte ich mit einigen Zeilen auf den wiederkehrenden Börsenrhythmus während eines Jahres eingehen. Auch in diesem Fall geht es mir nicht darum, Ihnen zu sagen „So ist es, nie wird es anders sein" sondern es geht vielmehr darum, dass Sie einfach um diese Börsenrhythmen wissen und sich gegebenenfalls darauf einstellen können. Das Bankhaus Trinkaus & Burkhardt hat einmal die Kursgewinne und die Kursverluste ein ganzes Jahr lang hinweg unter die Lupe genommen. Um Zufallsschwankungen weitestgehend auszuschließen, wurden von den Experten des Bankhauses Trinkaus & Burkhardt die Jahre 1980 bis 1998 verglichen. Das Ergebnis zeigt die folgende Grafik:

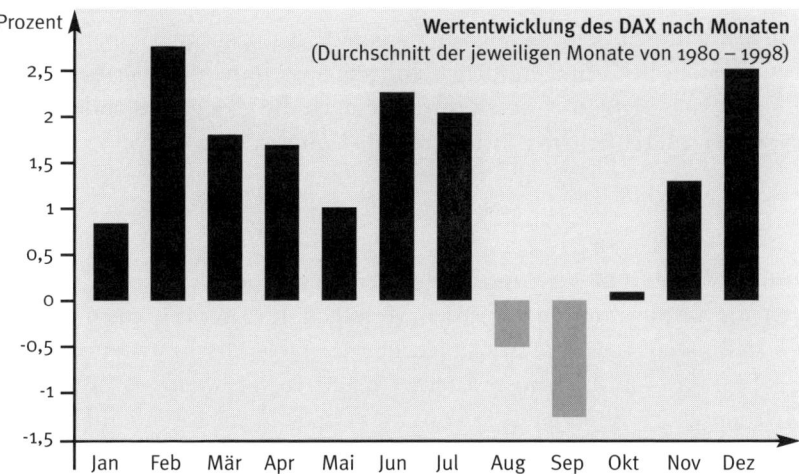

Quelle: „Focus-Money" 27/2000, Seite 138 (Grafik); Trinkaus & Burkhardt (Daten)

Das bedeutet: In dem oben genannten Zeitraum von 1980 bis 1998 waren der August und der September die beiden schlechtesten Monate. Und was die Grafik ebenfalls deutlich zeigt: „Sell in May an' go away" (frei übersetzt: Im Mai verkaufen und erst einmal Ruhe geben) ist eine schlechte „Börsen-Bauernregel". Denn wer tatsächlich in den Jahren 1980 bis 1998 im Mai verkaufte, verzichtete auf die Kursgewinne der renditestarken Monate Juni und Juli. Es sollte wohl besser heißen „Kaufe im Mai und sei glücklich dabei" oder so ähnlich. Ebenfalls irreführend ist der oft als Crashmonat bezeichnete Oktober. Im Gegenteil: Nach den Crashmonaten August und September ist der Oktober im betrachteten Zeitraum optimal, um wieder in Aktien einzusteigen. Hinter diesem Börsenrhythmus stecken natürlich auch handfeste Fakten. So kassieren die meisten Anleger Anfang jedes Jahres ihre Zinsen aus dem abgelaufenen Jahr. Dadurch, dass ein Teil dieser Zinsen wieder an den Aktienmarkt zurückfließt, lässt sich das Hoch im Februar erklären.

Fünf wichtige Schritte zum Börsenerfolg

Diese wichtigen Schritte sollten Sie gerade dann, wenn Sie bereits mit Ihren ersten Erfahrungen fortgeschritten sind, immer wieder beachten. Es sind keine großen Geheimnisse, sondern die gleich bleibenden Börsenregeln für dauerhaften Erfolg bei Aktieninvestitionen.

1. Setzen Sie sich Ziele

Immer wieder sollten Sie Ihre Ziele überarbeiten oder sich neue Ziele setzen, die Sie mit Ihren Investitionen verfolgen. Je klarer Ihre eigenen Zielvorstellungen – beispielsweise jährlich eine Durchschnittsrendite von 12 Prozent – sind, desto resistenter reagieren Sie, wenn es in einigen Zeiträumen zu Superhaussen kommt. Gerade in solch starken Haussen werfen so manche Anleger wichtige Gewinnerregeln über Bord und zahlen dann eines Tages mit hohen Verlusten.

Fazit ist: Langfristig gewinnt derjenige, der seine selbst gesetzten realistischen Geldziele mit einer klaren Strategie konsequent verfolgt.

2. Investieren Sie in Ihr Know-how

Nehmen Sie jede Möglichkeit wahr, Ihr Geldwissen zu mehren. Investieren Sie in Ihr Know-how. Lesen Sie immer wieder neue, gute Börsenbücher, machen Sie TV-Börsensendungen zu Ihrem Pflichtprogramm. Besuchen Sie Seminare. Versuchen Sie sich bei diesen Aktivitäten stets zu fragen, wie Sie das Erlernte für Ihre Situation umsetzen können.

3. Streuen Sie Ihr Vermögen

An der Börse verdientes Geld ist Schmerzensgeld. Dieses Credo des Altmeisters der Börse, André Kostolany, gilt unverändert. Selbst wenn Sie bei einzelnen Werten noch so sicher sind, streuen Sie stets Ihr Vermögen und setzen Sie niemals alles auf eine oder auf wenige Karten.

4. Überprüfen Sie Ihren Erfolg

Wenn Sie mit Ihrer Investition auf Dauer gewinnen wollen, müssen Sie regelmäßig Ihre Erfolge überprüfen. Welche Werte stehen in der Verlustzone, welche haben Gewinn gemacht? Wenn Sie Ihre eigene Anlagestrategie immer wieder unbarmherzig überprüfen, erkennen Sie Stärken und Schwächen am besten.

5. Kontrollieren Sie regelmäßig Ihre Strategie

Zahlreichen Seminarteilnehmern habe ich im Laufe der Jahre empfohlen, eine Art Investitions-Tagebuch für ihre Aktiengeschäfte zu führen. Dieses Tagebuch sollte enthalten:
- die für Sie wichtigsten fünf Anlagegrundsätze,
- Ihre wichtigsten Anlagestrategien,
- Ihre wichtigsten Informationsquellen (z. B. TV, Internet),
- Ihre Anlageziele,
- Ihre Anlageerfolge nach Verkauf von Aktien.

So spielerisch das klingen mag, dieses Tagebuch – am besten ein kleines Format, dass in Ihre Hemdentasche passt – wird Ihnen in so mancher Situation helfen, klar zu sehen. Wenn Sie zum Beispiel einem vermeintlich heißen Tipp hinterherlaufen wollen, erinnern Sie Ihre Grundsätze daran, warum Sie das nicht tun sollten. Wenn Sie eine günstige Kaufgelegenheit suchen, helfen Ihnen Ihre Strategien, den optimalen Einstieg abzuwarten und möglichst optimal zu verkaufen.

Verkaufsfaktoren, die Sie beachten sollten

Im Folgenden nenne ich Ihnen aus meiner Sicht vier wichtige Faktoren, die, wenn sie vollständig oder in der Mehrzahl eintreffen, eher für den Verkauf einer Aktie sprechen. Auch in diesem Fall gilt: Wenn Sie auf Dauer mit Aktien gewinnen wollen, müssen Sie immer wieder von neuem Ihre Hausaufgaben machen. Spätestens, wenn Sie merken, wie viel Mühe es macht, Ihre Aktien wirklich im Griff zu haben, wird Ihnen klar, wieso Sie nie in mehr als fünf bis zehn Aktien investieren sollten. Wenn Sie in zu viele Aktien gleichzeitig investieren, geht Ihnen der Überblick garantiert verloren.

Verkaufsfaktor 1: Es kommt zu negativen und nachteiligen Veränderungen im Management eines Unternehmens
Der Erfolg eines Unternehmens ist im Wesentlichen der Erfolg des Managements. Ergeben sich hier gravierende und nachteilige Veränderungen, seien Sie vorsichtig.
Dieser Verkaufsfaktor ist bei Unternehmen des Neuen Marktes besonders wichtig, denn – Sie erinnern sich – bei Aktien des Neuen Markts zählen Management, Marktposition und Wachstumspotenzial als Entscheidungsfaktoren.

Verkaufsfaktor 2: Abnehmende Gewinnspanne
Wenn ein Unternehmen in einem Markt tätig ist, der durch ständig abnehmende Gewinnspannen gekennzeichnet ist, sollten Sie auf der Hut sein. Ein gutes Beispiel waren 1999 und 2000 die stark sinkenden Margen im Bereich der Telekommunikationsunternehmen.

Verkaufsfaktor 3: Zunehmender Wettbewerb
Auch zu diesem Verkaufsfaktor war 1999/2000der Telekommunikationsmarkt ein gelungenes Beispiel. *MobilCom* war eines der ersten Unternehmen, das die Gunst der Stunde nutzte und im freien Telekommunikationsmarkt seinen Aktionären riesige Gewinne bescherte. Unternehmen, die später hinzukamen, sahen sich einem zunehmenden Konkurrenzkampf ausgesetzt und die Hoffnungen der Aktionäre dieser Branchenunternehmen erfüllten sich nicht.

Verkaufsfaktor 4: Zu einseitige Produktpalette
Gehört ein Unternehmen in einer neu entstehenden Branche zu den ersten Unternehmen am Markt, ist eine einseitige Produktpalette (zu Beginn) weniger von Nachteil. Je größer jedoch ein Markt ist oder wird, desto wichtiger ist es, dass das Unternehmen seine Produktpalette verbreitert. Setzt ein Unternehmen dauerhaft nur auf ein Produkt, reagieren Sie am besten kritisch.

Zu diesen vier Verkaufsfaktoren hier ein Beispiel: Im April 1999 rief mich ein langjähriger Freund an, der heute in New York wohnt. Er hatte fast 40 Prozent seines gesamten Kapitals, insgesamt rund 60 000 Mark, in Aktien des Internet-Auktionsunternehmens *Ricardo* investiert und war sich unsicher, was er tun solle. Wir besprachen gemeinsam die Situation auf der Grundlage der oben genannten Verkaufsfaktoren. Nach einer halben Stunde intensiven Gespräches kamen wir zum Ergebnis, dass die Situation eher für einen Verkauf spräche. Einige Monate später sollte *Ricardo* vom britischen Rivalen QXL, einem Londoner Internet-Auktionshaus, übernommen werden. Doch im August 2000 gefährdeten sinkende Gewinne und ein eher schlecht organisiertes Management diese Fusion.

Bei allem gilt: Nicht immer lassen sich alle vier der genannten Verkaufsfaktoren zuverlässig bewerten. Stellen Sie dennoch immer wieder Ihre eigenen Engagements mit diesen vier Verkaufsfaktoren infrage.

Die 1-Satz-Erfolgsregel©

Die 1-Satz-Erfolgsregel© finden Sie ganz bewusst in diesem Buch für Fortgeschrittene, denn immer wieder treffe ich auf Seminarteilnehmer, die mir Folgendes berichten: In der ersten Phase des Einstiegs an den Börsen bemühen sie sich um ausführliche Informationen, machen ihre Börsen-Hausaufgaben und versuchen, sehr sorgfältig in ausgewählte Aktien zu investieren. Nach den ersten Versuchen und auch nach den ersten Erfolgen lässt jedoch genau diese Sorgfalt häufig nach. Viele Fortgeschrittene gehen nach den ersten Erfolgen wieder dazu über, „aus dem Bauch heraus" zu kaufen oder zu verkaufen.

Deshalb habe ich diese 1-Satz-Erfolgsregel „erfunden". Sie besagt nichts weiter, als dass Sie vor jedem endgültigen Kauf und vor jedem endgültigen Verkauf einen Satz zur Begründung sagen sollten, ohne das Wort „glauben" zu verwenden. Hierzu ein Beispiel für einen Verkauf: „Ich verkaufe diese Aktien, weil das Unternehmen in den letzten beiden Quartalen sinkende Gewinne veröffentlichte, weil der Vertriebsvorstand „gegangen wurde" und weil allein in den letzten zwölf Monaten drei neue Wettbewerber auf den Markt kamen."

So einfach das klingt, so schwierig ist es für die meisten Börsianer, diese Regel in der Praxis konsequent umzusetzen. Es ist jedoch wichtig, dass Sie es tun. Denn: Mit dieser Methode nach der 1-Satz-Erfolgsregel vermeiden Sie Käufe oder Verkäufe „aus dem Bauch" heraus.

Warum Sie Ihr Vermögen streuen müssen

An der Börse wiederholen sich immer wieder Fehlverhalten und richtige Strategien der Anleger. In diesem Buch ging es bereits darum, dass Sie Ihr Geld in verschiedene Länder streuen sollten. Doch geht es in einem Land an einer Börse einmal so richtig in eine Richtung, vergessen die meisten diesen Grundsatz: Ob es die Entwicklung des Neuen Marktes in Deutschland war, die bis Anfang 2000 offensichtlich nur eine Richtung kannte, oder die japanische Riesenhausse bis Ende 1989.

Immer wieder kommen Zeiten, in denen einzelne Börsen scheinbar nur eine Richtung kennen: unaufhaltsam nach oben. Und immer wieder bewahrheitet sich der älteste Lehrspruch der Börse: Auf jede Hausse folgt eine Baisse und auf jede Baisse garantiert eine Hausse. Wenn Sie selbst noch keinen richtigen Crash erlebt oder vor Verlusten in der Abwärtsbewegung nach einer übertriebenen Hausse verschont geblieben sind, fällt es Ihnen womöglich schwer zu glauben, wie weh das tun kann. Wer einmal in den Abwärtssog geriet und Tag für Tag Geld verlor, weiß, dass an der Börse verdientes Geld Schmerzensgeld ist. Im Folgenden eine Grafik des japanischen Börsenindex von 1989 bis Anfang 2000.

Nikkei – Richtung alte Höchststände

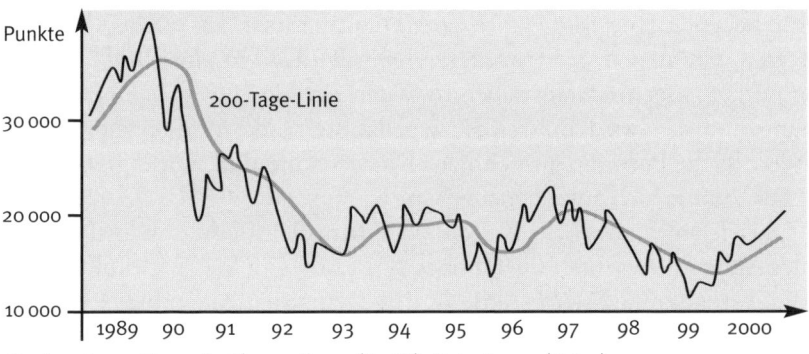

Quelle: „Focus-Money" 16/2000, S.132 (Grafik); Datastream (Daten)

EXPERTENTIPP

Auch wenn alle Zeichen für eine einzige Börse sprechen, auch wenn die Gewinnchancen noch so verlockend sind: Lassen Sie sich niemals hinreißen, alles auf einen Markt zu setzen. Das gilt gerade für Sie als Fortgeschrittenen! Denn anders als ein Einsteiger kennen Sie bereits das gierig machende Gefühl, an der Börse zu gewinnen. Sie haben bereits einmal oder mehrmals erlebt, wie es ist, in einem Monat möglicherweise mehrfach Ihr Gehalt durch Ihre Börseninvestitionen zu kassieren. Sie kennen möglicherweise bereits das Gefühl, davon zu träumen, Ihren Beruf bald aufgeben zu können. Lassen Sie niemals zu, dass die Gier zu groß wird.

Das Beispiel des japanischen Index zeigt: Wer Ende 1989 auf Japan gesetzt hatte, besitzt heute nur noch 50 Prozent des damals eingesetzten Kapitals; wenn er nicht ohnehin zwischenzeitlich mit großem Verlust verkauft hat. Wer bis Anfang 2000 alles auf Werte des Neuen Markts setzte,
verlor ebenfalls – wenn er verkaufte – in wenigen Monaten ein Vermögen. Und wer nicht verkaufte, musste zusehen, wie andere Anleger, die
ihr Geld clever gestreut hatten, Gewinne in anderen Märkten erzielten.

Was Indexwetten sind und was Sie dazu wissen sollten

Ein beliebtes Spiel fortgeschrittener Börsianer ist es, auf solche Aktien zu
setzen, von denen sie vermuten, sie würden bald in einen Index aufgenommen. Der Gedanke dabei ist: Wenn ein Aktienwert in einen Index
aufgenommen wird, müssen die so genannten Indexfonds den jeweiligen
Wert in ihr Portfolio aufnehmen. Kursgewinne sind vorprogrammiert.
Dies kann jedoch auch schief gehen.

So trieben euphorische Anleger des Finanzdienstleisters *MLP* den Kurs
der Aktie im August 2000 auf über 174 Euro. Die Masse spekulierte auf
die Aufnahme der *MLP*-Aktie in den Deutschen Aktienindex (DAX).
Nicht zu Unrecht: *MLP* erfüllte die beiden wichtigen Voraussetzungen
für eine mögliche Aufnahme in den DAX nach der so genannten 35/35-
Regel. In Bezug auf Börsenumsatz und Marktkapitalisierung muss das infrage kommende Unternehmen zu den 35 größten Börsenwerten zählen.
Doch der vermeintliche Indextraum von *MLP* platzte fürs Erste und der
Aktienkurs fiel auf rund 140 Euro zurück. Für diejenigen, die in der letzten Indexeuphorie *MLP* zu Höchstkursen gekauft hatten, war es immerhin ein Verlust von 20 Prozent.

Seriöse Vermögensberater und Finanzdienstleister raten Ihnen von solchen Geschäften ab. Die Gewinnchancen sind zwar theoretisch gegeben,
die Risiken überwiegen jedoch. Es kommt hinzu, dass Sie als Privatanleger trotz Internet erst davon erfahren, dass ein Wert ein potenzieller In-
dexwert wird, wenn die wirklichen Profis schon längst auf den Zug auf-
gesprungen sind. Selbst wenn die Indexwette gelingt und eine Aktie in

den infrage kommenden Index aufgenommen wird, wird der Kurs oft nur über kurze Zeit nach oben getrieben. Clevere Anleger können das Spiel der Indexwetten jedoch auf eine ganz andere Art für sich nutzen: Nicht selten kommt es vor, dass bei einer missglückten Indexwette – wenn ein Aktienwert trotz viel versprechender Aussichten nicht in den Index aufgenommen wurde – der Kurs anschließend erheblich gedrückt wird. Ist das der Fall, sollten Sie die günstigen Einstiegschancen zum Kauf nutzen.

Warum Sie wissen müssen, dass der DAX dem Dow folgt

Die folgende Lektion ließe sich im Grunde genommen mit einem Satz beschreiben: „Kaufe deutsche Aktien, wenn amerikanische Aktien steigen, und verkaufe deutsche Aktien, wenn amerikanische Aktien sinken." Tatsache ist: Seit Jahren bestimmt der Dow Jones die Richtung des DAX. Jeden Abend ist in „n-tv Telebörse" sinngemäß entweder zu hören: „Die Vorgaben aus New York waren ja ganz gut. Also sieht es für morgen früh für Deutsche Aktien auch ganz gut aus." oder „Die schlechten Kurse auch in New York lassen für morgen auch für Deutschland keine großen Überraschungen erwarten". In „Focus-Money", Heft 19/2000, Seite 127, war eine entsprechende Grafik abgebildet:

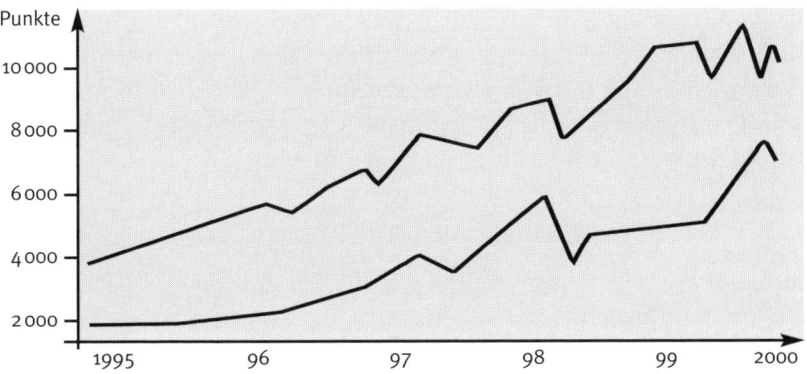

Quelle: „Focus-Money", 19/2000, Seite 127 (Grafik); Datastream (Daten)

Warum es so wichtig ist, sich ein eigenes Urteil bei der Aktienauswahl zu bilden

Dieses Buch wendet sich an Sie als einen Fortgeschrittenen, hinter dem bereits einige oder zahlreiche Käufe und Verkäufe liegen, der bereits – hoffentlich große – Gewinne erzielt, jedoch auch schon den ein oder anderen Verlust gemacht hat. Am wichtigsten jedoch ist: Sie haben jetzt bereits ein erstes Gespür für Aktien.

Nun möchte ich Ihnen das Geheimnis verraten, wieso Sie unbedingt weiter Ihren eigene Börsenstrategie entdecken müssen und warum es so wichtig ist, nicht auf vermeintliche Expertentipps zu vertrauen, sondern sich Ihr eigenes Anlageurteil immer wieder von neuem zu bilden. Im Folgenden beschreibe ich Ihnen nämlich die von mir so genannte Verlierer-Informationskette©. Diesen Namen habe ich ausgewählt, weil diese Informationskette in vielen Fällen der Grund für dauerhafte Börsenverluste ist. Es gibt kaum etwas weniger Nützlicheres als ausschließlich auf Ihren Anlageberater bei der Bank zu setzen und auf dessen Urteil zu vertrauen.

Am wirksamsten testen Sie Ihren Berater, wenn Sie ihn danach fragen, wie Sie die neuesten Nachrichten und Informationen aus Presse, Funk, Fernsehen und Internet einzuordnen haben. Sie werden schnell feststellen, ob der Anlageberater seinen Beruf beherrscht oder ob der Beruf Ihren Anlageberater beherrscht. Und um Missverständnisse auszuschließen: Jedes Gespräch mit einem wirklich guten Anlageberater ist sinnvoll und kann Gewinn bringend sein. Doch nur dann, wenn es sich nicht um einen Anlageberater handelt, der am Ende unserer Verlierer-Informationskette© steht, sondern der frühzeitig mit eigenen Gedanken in der Lage ist, für seine Kunden wichtige und Geld bringende Schlüsse zu ziehen.

VERLIERER-INFORMATIONSKETTE©

Informationen aus Unternehmen, Branche, Volkswirtschaft.

Informationsgrundlage für Analysten, institutionelle Marktteilnehmer.

Presse, Funk, Fernsehen, Internet

Anlageberater, Anleger

EXPERTENTIPP

Die Macht der institutionellen Anleger – hier in erster Linie der Fondsgesellschaften – wird immer größer. Gute Fondsmanager sollten in ihrem Bereich „das Gras wachsen hören". Insbesondere bei exotischen Börsenmärkten sollten Sie daher stets gut überlegen, ob Sie selbst in Aktien investieren oder nicht besser über einen entsprechenden Fonds.
Denn bis Sie selbst verlässliche Informationen über exotische Börsenplätze bekommen, sind die Nachrichten möglicherweise längst veraltet.

Die „Anpassungsfalle" der Analysten

Die folgenden Ausführungen fand ich vor kurzem in dem faszinierenden und in jeder Hinsicht für jeden fortgeschrittenen Börsianer empfehlenswerten Buch von Erich Florek „Neue Trading Dimensionen" (Finanz-Buch-Verlag in Kooperation mit „Börse now").

Jeder Analyst passt im Laufe der Jahre sein Verhalten so an, wie es nach seiner eigenen Erfahrungen mit Kollegen, der Presse und Kunden optimal ist. Das bedeutet: Jeder Analyst wünscht sich natürlich ein positives Feedback seiner Analysen und er wünscht sich, oft Recht zu behalten und nur möglichst selten daneben zu liegen. Er will sich als Analyst lieber wohl (zutreffende Analysen) als unwohl (unzutreffende Analysen) fühlen. Aus diesem Grund ergeben sich laut Erich Florek folgende vier mögliche Reaktionsfelder, in die ein Analyst geraten kann.

Anpassungsfalle	Analyst schätzt richtig	Analyst schätzt falsch
Alle anderen Analysten lagen in der Mehrzahl richtig	O. K.	K. I. T. A.
Alle anderen Analysten lagen in der Mehrzahl falsch	GHETTO	Der Markt ist schuld!

Quelle: Erich Florek, Neue Trading-Dimensionen, FinanzBuch-Verlag, Seite 22

Zu den Abkürzungen:

O. K. – Alle haben Recht, alle sind glücklich und fühlen sich bestätigt. Kein Analyst ist besser als andere Analysten. Kein Analyst ist besser (was natürlich schlimmer ist) als sein Chef. Besser könnte das Feedback nicht sein. Wonnegefühl für alle.

K. I. T. A. – Diese Abkürzung stammt von Vera F. Birkenbihl, einer der bekanntesten Trainerinnen in Europa, und bedeutet so viel wie „Kick in the a...". Tritt diese „Situation" öfter ein, ist die Karriere des betreffenden Analysten schnell gefährdet. Wenn alle meistens richtig liegen und der einzelne Analyst stets falsch, war es das irgendwann.

GHETTO – Nichts ist schlimmer: Ein Analyst liegt richtig und sein Chef gleichzeitig falsch. Statt ein Grund zum Feiern ist diese Konstellation eher ein Grund, sich so klein zu machen und so unauffällig zu bewegen wie möglich. Die einzige Sorge, die ein Analyst in solchen Momenten haben muss, ist, dass jemand bemerken könnte, dass er richtig lag. Vorgesetzte, Kollegen und Kunden schätzen es nicht besonders, einen „Besserwisser" in den eigenen Reihen zu haben.

Der Markt ist schuld – Neben der Konstellation „O. K." die zweitbeste Variante für jeden Analysten. Schließlich kann es doch nicht sein, dass alle Analysten sich irren. Also hatten eigentlich alle Analysten Recht, nur der Markt, tja, nur der Markt ist einfach schuld.

Fazit: Weil Analysten aus persönlichen, emotionalen Gründen – dem Wunsch nach positivem Feedback und Bestätigung – unter einem großen Anpassungsdruck stehen, sollten Sie Zeiten, in denen die Mehrzahl der Analysten für eine Aktie oder eine bestimmte Börse positiv gestimmt ist, nicht überbewerten. Auch hier gilt: Machen Sie Ihre eigenen Hausaufgaben und bilden Sie sich Ihre Meinung zu einer bestimmten Aktie oder zu einem bestimmten Markt.

Erich Florek bringt zu dieser „Anpassungsfalle" zwei gute Beispiele: So berichtet er davon, wie es einem Münchener Analysten untersagt wurde, im Frühjahr 1998 den US-Dollar schwächer einzustufen. Der Hintergrund: Das Anlagekomitee des Hauses bestand zum großen Teil aus Vorständen, die langfristig auf einen steigenden Dollar gesetzt hatten. Also prognostizierte der Analyst bei einem Stand von 1,83 DM den schwächeren Dollar. Er musste jedoch seine Analyse ändern. In der Zeit darauf sank der Dollar auf 1,70 DM wie von unserem Analysten ursprünglich eingeschätzt.

In einem anderen Fall, so Florek, prognostizierte ein Frankfurter Analyst im November 1996 einen Stand des DAX von rund 3 500 Punkten innerhalb der kommenden zwölf Monate. Der aktuelle Stand zum Zeitpunkt der Analyse: 2 700 Punkte. Weil der Arbeitgeber anderer Meinung war – 2 950 wurden als seriös angesehen –, musste der betroffene Analyst seine Meinung ändern. Der DAX dagegen stieg in dem benannten 12-Monatszeitraum auf 4 400 Punkte.

Fazit: Diese Beispiele und insbesondere die Anpassungsfalle sind kein Frontalangriff auf alle Analysten. Sie sollen als Anleger einfach nur kritisch sein, wenn Sie die Urteile von Analysen lesen. Lesen sollen und dürfen Sie, nur danach handeln sollten Sie nie ohne eigene Überlegungen.

Aktien kaufen, liegen lassen und Schlaftabletten nehmen?

Richtig ist, dass langfristig jede Aktie einmal steigen wird. Doch was haben Sie davon, wenn Sie auf die Kurssteigerungen zwanzig Jahre und länger warten müssen? Der Tipp, man solle Aktien kaufen, dann schlafen und am Ende gäbe es eine schöne Geldüberraschung, kann schief gehen. Betrachten wir einmal die Zeit zwischen 1966 und 1981. In dieser Zeit hatte der Dow Jones hart mit der 1000er-Grenze zu kämpfen.

1966	die 1000er-Grenze wird überschritten
1970	um 630 Punkte
1973	die 1000er-Grenze wird überschritten
1974	um 580 Punkte
1981	6. Januar: 1005 Punkte

Wer also hier auf die Gewinnerstrategie „Aktien kaufen und Schlaftabletten nehmen" setzte, hatte mit großer Wahrscheinlichkeit kein Geld verdient. Und dennoch war in diesem Zeitraum Geld zu verdienen.

Rudolph Kaderli, ein angesehener Schweizer Bankier und Börsenexperte, ermittelte vor einiger Zeit, dass sich der amerikanische Börsenindex im Zeitraum von 1966 bis 1981 um mehr als 4 000 Punkte bewegt hätte. Kaderli zählte lediglich alle Auf- und Abwärtsbewegungen zusammen, die in dem genannten Zeitraum länger als 60 Tage dauerten.

Fazit: Wer auf Dauer mit Aktien Geld verdienen will, muss sich mit den Geheimnissen des kurzfristigen Tradings beschäftigen. Oder um mit Kaderlis Worten zu sprechen: „Kaufen und Verkaufen heißt die Parole".

Neuemissionen und was Gewinner über die Rolle der Banken wissen müssen

Jede Neuemission läuft sozusagen durch die Hände einer Bank, des so genannten Emissionshauses. Für Banken ist dabei der Börsengang eines Unternehmens ein gutes und lukratives Geschäft. Kein Wunder also, dass immer mehr Banken Emissionsbanken sein wollen. Der Wettbewerb nimmt zu. Warum ist das für Sie als Anleger wichtig? Welches Emissionshaus, also welche Bank die Emission neuer Aktien eines jungen Unternehmens begleitet, ist zwar keine Gewinngarantie jedoch Anhaltspunkt dafür, wie hoch die Qualität eines Unternehmens ist. So gibt es Banken, die nahezu jede Emission begleiten würden, und andere Banken, bei denen zweifellos die Qualität des jeweiligen Unternehmens eine sehr große Rolle spielt.

Im Folgenden möchte ich Ihnen aus meiner persönlichen Einschätzung einige Beispiele – keine vollständige Aufzählung! – der Banken nennen, die meines Erachtens bislang sehr auf die Qualität der Emissionen bedacht waren. Das bedeutet selbstverständlich nicht, dass alle nicht genannten Banken weniger qualifiziert arbeiten. Bei den hier genannten Emissionshäusern jedoch zeigte die Vergangenheit, dass man den eigenen Job sehr ernst nimmt. Als Anleger haben Sie damit eine zusätzliche Sicherheit, wenn Sie sich an Neuemissionen beteiligen wollen.

Eine der herausragenden Emissionsbanken ist meines Erachtens die BHF-Bank. Deren Bilanz kann sich sehen lassen: Am Neuen Markt arbeiten alle Unternehmen, die die BHF-Profis beim Börsengang begleitet haben, mit Erfolg. Auch die DG-Bank hat sich einen hervorragenden Ruf als Emissionsbank erarbeitet. Dabei fällt besonders auf, dass die DG-Bank zu den Emissionshäusern gehört, bei denen Transparenz nicht nur versprochen, sondern auch tatsächlich geboten wird. Des Weiteren haben sich meines Erachtens die WestLB, die Commerzbank und die weniger bekannte Concord Effekten mit qualitativ guten Emissionen ausgezeichnet. Wer sich unter Insidern umhört, hört den Namen Berliner Effektenbank als weniger beliebte Emissionsbank. Auch „Focus-Money" schrieb in der Ausgabe 19/2000: „Einen weniger guten Leumund besitzt in Börsenkreisen die Berliner Effektenbank. Der Ruf des Instituts dürfte sich mit dem skandalösen Börsengang des Eichborn-Verlags nicht bessern."

Fazit: Zu Ihren Hausaufgaben gehört es, sich im Falle von Neuemissionen auch um die Antwort auf die Frage „Wer begleitet das Unternehmen an die Börse?" zu kümmern. Im Zweifel setzen Sie besser auf solche Börsengänge, bei denen die entsprechende(n) Emissionsbank(en) bereits in der Vergangenheit eine gute Bilanz aufweisen konnten.

Was von Investitionen in „Exoten"
zu halten ist – Beispiel: Fußballaktien

Garantiert wurden Sie schon einmal in der Presse mit dem Begriff „Fußballaktien" konfrontiert. Einem Bericht des „Handelsblatt" vom 7. Juni 2000 zufolge interessieren sich immerhin 7 Millionen Deutsche für Fußballaktien. Da Sie mit Aktien bekanntlich auf zweierlei Weise reich werden sollten – möglichst viel gewinnen, möglichst wenig verlieren –, möchte ich an dieser Stelle vor der Investition in solche Fußballaktien warnen. Der einzige Hintergrund für den geplanten oder bis zum Erscheinen dieses Buches möglicherweise durchgeführten Börsengang eines Fußballvereines ist es nicht unbedingt, dass Sie als Aktionär des Vereins reich werden, sondern dass sich das jeweilige Vereinsmanagement möglichst viel Geld beschaffen will, um bei den sich immer schneller steigernden Ablösesummen mithalten zu können.

Betrachten wir einmal die Situation in Großbritannien (Stand Sommer 2000): Rund 20 Mannschaften werden hier an der Börse gelistet. Siegt eine Mannschaft, steigt der betreffende Aktienkurs, verliert eine Mannschaft, sinkt der Kurs. Mit der Beteiligung am unternehmerischen Erfolg hat also die Investition in Fußballaktien nicht so viel zu tun, eher mit Glücksspiel, Pferdewetten und Zockerei.

Doch es gibt auch Ausnahmen: Manchester United. Der laut Insidern reichste Verein der Welt macht eine Menge Geschäfte außerhalb der Fußballwelt. In diesem Fall gibt es also wirklich unternehmerische Aktivitäten, die zu einer einschätzbaren und kaufmännisch zu bewertenden Basis führen.

Und noch einen Haken hat die Sache mit den Fußballaktien: Die Kluft zwischen reichen und armen Vereinen würde immer kleiner. Selbst der erfolgreichste Verein würde, an der Börse für Fußballaktien natürlich zu Höchstkursen notiert, eines Tages einsam und allein „gegen sich selbst" spielen müssen, weil es keinen Gegner mehr gäbe, der mit dem führenden Verein finanziell mithalten könnte.

Die theoretische Folge: Der Börsenstar unter den Fußballaktien wäre wertlos, weil es keinen Fußball bzw. keine sinnvolle Bundesliga mehr gäbe. Das ist natürlich eine theoretische Betrachtung, die jedoch beim näheren Hinsehen gar nicht so sehr an der Praxis vorbeigeht. So war in der Fachpresse im Jahr 2000 bereits die Rede davon, dass für Spitzenspieler eines Tages 30 bis 40 Millionen Mark bezahlt werden müssten. Schon heute ist der Unterschied, wie einzelne Spieler der einzelnen Vereine im Schnitt entlohnt werden, enorm. 1998/1999 kassierten Spieler der Eintracht Frankfurt mickrige 600 000 Mark, während die Spieler des FC Bayern München durchschnittlich über 4 Millionen Mark nach Hause trugen.

Wie auch immer: Fußballaktien sind kein Investment, um langfristig ein möglichst sicheres Vermögen mit der Investition in Aktien zu erzielen.

Stopp-Kurse – Gewinne laufen lassen, Verluste begrenzen

Nach dem Prinzip Angst und Hoffnung machen besonders Anfänger an den Börsen oft den gleichen Fehler: Sie hoffen bei Kursverlusten immer und immer weiter auf Besserung, steigen bei Kursgewinnen wegen der Angst, es könnte morgen vorbei sein, schnell noch aus und begrenzen damit die Gewinne. Hier eine Tabelle, die zeigt was geschieht, wenn Sie Verluste nicht begrenzen:

MIT STOPP-KURSEN DAS EIGENE VERMÖGEN UND DIE NERVEN SCHONEN	
Verlust (in Prozent)	Notwendiger Gewinn zum Ausgleich
10	11
20	25
30	43
50	100
70	233
90	900

© Bernd W. Klöckner

Die Zahlen zeigen: Je mehr Ihre Verluste ansteigen, desto schwieriger wird es, diese Verluste wieder auszugleichen, „glatt" zu stellen. Das bedeutet: Sie müssen, um auf Dauer mit der Investition in Aktien reich zu werden, Ihre Verluste begrenzen.

Diese Regel ist weitaus wichtiger als die Entscheidung, nach welcher Strategie Sie investieren oder ob Sie der technischen oder der fundamentalen Analyse vertrauen. Nur dann und wirklich nur dann, wenn Sie auf Dauer Ihre Verluste, zu denen es immer wieder kommen wird, begrenzen und Ihre Gewinne laufen lassen, werden Sie auf Dauer mit der Investition in Aktien ein Vermögen machen können.

Die beste und zudem einfachste Methode, Verluste zu begrenzen, ist, Stopp-Kurse zu setzen. Eine entsprechende Stop-Loss-Order können Sie der Bank, über die Sie Ihre Wertpapiergeschäfte tätigen, geben. Das Prinzip ist einfach: Sie kaufen eine Aktie zu 70 Euro und legen als Stop-Loss-Kurs 65 Euro fest. Sinkt nun der Kurs auf 65 Euro, wird anschließend automatisch Ihre bereits erteilte Stop-Loss-Order ausgeführt und zwar zu dem nächsten Kurs.

Gerade unter fortgeschrittenen Börsianern treffe ich immer wieder viele, die mir erzählen, wie sie diese Strategie der Stopp-Kurse sozusagen in Gedanken verfolgen. Meine persönliche Meinung dazu: Ich habe bis heute keinen Aktieninvestor kennen gelernt, der tatsächlich in der Lage war, konsequent für alle seine im Depot gehaltenen Aktien die Stopp-Kurse zu beachten und auch im richtigen Moment zu reagieren, sprich zu verkaufen. Die meisten Teilnehmer, die vermeintlich nach dieser Theorie der gedanklich gezogenen Stop-Loss-Order handelten, gaben zu, dass sie dann, wenn es darauf ankam, nicht die Disziplin hätten, wirklich zu verkaufen. In der Regel macht ihnen nämlich die Psychologie einen Strich durch die Rechnung: Wenn es soweit ist und eine Aktie verkauft werden müsste, denkt man „es könnte aber morgen schon wieder aufwärts gehen". Und – schwups! – sitzen Sie in der Verlustfalle.

Stopp-Kurse als Gewinnsicherung

Optimal läuft es natürlich dann, wenn eine von Ihnen gekaufte Aktie im Kurs steigt und steigt. In diesem Fall ziehen Sie einen Stopp-Kurs ständig nach, das bedeutet: Sie passen ihn der Kurssteigerung an.

Dazu ein Beispiel: Wenn Sie im Juni 1999 5 000 Euro in die *Telekom*-Aktien investiert hätten und jeweils einen Stopp-Kurs von 5 Prozent unter dem letzten Tiefstkurs platziert hätten, wäre Ihre Investition erst Ende März/Anfang April bei einem Kurs von rund 80 Euro „ausgestoppt" worden, mit einem Gewinn von immerhin 4 000 Euro. Wenn Sie mit Stopp-Kursen sozusagen als Reißlinie für Ihre eigene Sicherheit arbeiten, setzen Sie optimal auf Trends. Bei einem Aufwärtstrend ziehen Sie immer wieder einen neuen Stopp-Kurs zur Gewinnsicherung nach. Kommt es dann zu einem Abwärtstrend, verlieren Sie zwar bis zu Erreichen der letzthöchsten Stop-Loss-Order einen bestimmten Betrag, steigen jedoch frühzeitig im Abwärtstrend aus.

Wie bestimmen Sie den optimalen Stopp-Kurs?

Sie haben dazu mehrere Möglichkeiten. Zum einen können Sie einer Aktie eine gewisse Schwankungsbreite geben, z. B. 10 Prozent, und dann, wenn der Kurs um mehr als 10 Prozent sinkt, den Stop-Loss-Auftrag erteilen. Diese Methode ist jedoch nur dann hilfreich und zu empfehlen, wenn Sie mit der jeweiligen typischen Schwankungsbreite einer Aktie oder eines bestimmten Marktsegments gut vertraut sind.

Die zweite und in der Regel bessere Möglichkeit: Platzieren Sie den jeweiligen Stoppkurs immer leicht unter dem letzten Tiefstkurs, und zwar im Sinne des jüngsten (!) Tiefstkurses und nicht zu dem Tiefstkurs, wie er oft in Tabellen wie „Höchst/Tiefst der letzten 12 Monate" abgebildet wird. Dies hat seinen Grund in der technischen Aktienanalyse: Oft wird ein letzter Tiefpunkt von Chartanalysten als Unterstützungslinie gesehen.

Worauf ist bei Stop-Loss-Orders noch zu achten?

Meines Erachtens sollten Sie Stopp-Limits nicht anwenden bei Neuemissionen und extrem schwankungsfreudigen Aktien. Hier ist die Gefahr zu groß, dass kurzfristige Sondereinflüsse die Stop-Loss-Order auslösen könnten und Sie die Aktie verkaufen, wenn sie im Kurs wieder anzieht. In diesen beiden Fällen ist es unbedingt notwendig, dass Sie selbst sehr genau den jeweiligen Aktienkurs verfolgen.

Stop-Loss-Orders und Börsenpsychologie

Stop-Loss-Orders sind insbesondere auch aus börsenpsychologischer Sicht wichtig. Denn die Psyche spielt unserer Vorstellungskraft oft einen Streich. Sie kennen das: Immer wieder wird man verleitet, einen Aktienwert auf einem vermeintlichen Tiefstkurs zu kaufen, denn man kann sich nicht vorstellen, dass ein Kurs noch weiter sinkt. Man ist dann der subjektiven Ansicht, man wüsste allein, dass nun der Tiefstkurs erreicht sei. Nicht selten geht diese psychologische Falle so weit, dass man meint, keinem davon erzählen zu dürfen, weil sonst zu viele von der „günstigen" Kaufgelegenheit erfahren. Man kauft und – zack! – einen Tag später sinkt der Kurs weiter und unsere ganze Theorie bricht in sich zusammen; die „psychologische Bärenfalle" schnappt zu.

Umgekehrt ist es genauso: Wenn ein Aktienkurs steigt und steigt, dann sind wir irgendwann „der Meinung", dass der Kurs jetzt nur noch fallen kann. Dann stellen wir uns vor, wie das wäre, wenn morgen die Kurse wirklich fallen und wir dann zu einem schlechteren Zeitpunkt mit weniger Gewinn aussteigen würden. Diese Vorstellung bestimmt in solchen Fällen nicht selten unser Verhalten und wir verkaufen. Gegen diese Fallen sind – um das noch einmal zu betonen – Stop-Loss-Orders die richtige „Versicherung".

Erfolgsregeln für Gewinne mit Neuemissionen

Im Folgenden geht es mir darum, Ihnen wichtige Regeln für den Kauf von Neuemissionen zu nennen. Sie werden garantiert bereits die ersten Neuemissionen gezeichnet haben und doch werden Sie – Hand aufs Herz – auch festgestellt haben, dass Sie manchmal sehr unkoordiniert vorgegangen sind oder sich von einer allgemeinen Euphorie für eine bestimmte Aktie haben anstecken lassen.

Jede Neuemission beginnt in der Regel mit einer so genannten Roadshow. Das bedeutet: Unternehmensvorstand und Emissionsbank gehen – salopp gesagt – auf Werbetour. Was zählt ist die bestmögliche Promotion des Unternehmens, die bestmögliche Werbung im Vorfeld. Je perfekter die Show, je besser die Vorstellung, desto größer wird womöglich die Nachfrage und letztlich der Emissionserlös. Und je größer der Emissionserlös, desto mehr Kapital hat das Unternehmen für seine Wachstumspläne zur Verfügung.

Gewinnerregel 1: Frühzeitig informieren
Immer wieder geschieht es, dass Anleger Neuemissionen „blind" zeichnen. Sie wissen dann nicht das Geringste von einem Unternehmen, haben keine näheren Informationen über seine Produkte oder Dienstleistungen, wollen aber unbedingt eines: Aktien der Neuemission erwerben. Hier gilt wieder die oft wiederholte Regel: Sie müssen (!) Ihre Hausaufgaben machen, wenn Sie auf Dauer an mit Ihren Aktieninvestitionen zu den Gewinnern zählen wollen. Neuemissionen zu zeichnen ohne informiert zu sein ist gefährlich, und, was viel wichtiger ist, es ist vor allem völlig unnötig, ohne Informationen so gierig zu sein. Denn im Vorfeld, also in den Wochen vor der Börseneinführung (going public), erfahren Sie über die Medien in der Regel alles über das Unternehmen, was Sie in den Grundzügen wissen müssen. Dazu gehören Angaben über die Unternehmensplanung, über Produkte und Dienstleistungen. Achten Sie vor allem darauf, ob es irgendwelche bevorzugten Käufergruppen gibt.

Nehmen wir als Beispiel das Unternehmen web.de: Hier wurden die registrierten Benutzer von web.de mit einer garantierten Zuteilung von Aktien bevorzugt.

Der 3-Minuten-Check© zur Erfolgsgarantie
Bevor Sie endgültig eine Neuemission zeichnen, halten Sie sich selbst einen dreiminütigen Vortrag über das Unternehmen: Was genau es macht, wie hoch die Wachstumschancen sind und warum die Aktien dieses Unternehmens im Kurs steigen müssten.
Dieser 3-Minuten-Check© mag Ihnen eigenartig vorkommen, doch ich garantiere Ihnen: Wenn Sie insbesondere Neuemissionen nach dieser „Regel" beurteilen können, werden Sie in der Mehrzahl Ihrer Neuemissions-Käufe auf der Gewinnerseite stehen.

Gewinnerregel 2: Graumarktpreise als Indikator
Es gibt kaum etwas Besseres, als sich im Vorfeld einmal die Graumarktpreise zu einer Neuemission anzusehen. Zu diesen Graumarktpreisen kommt es während der Bookbuildingphase, der Phase der Ermittlung des Emissionspreises. In dieser Bookbuildingphase wird die Bookbuildingspanne ermittelt oder sie steht bereits von Anfang an fest. Liegt die Spanne beispielsweise bei 30 bis 35 Euro, dann wird die Aktie mindestens 30 Euro kosten, jedoch nicht mehr als 35 Euro. Als Anleger nennen Sie den Preis, den Sie innerhalb der Bookbuildungspanne noch zu zeichnen bereit wären. Ist die Nachfrage hoch, wird es in der Regel so sein, dass alle Anleger bereit sind, den höchsten Preis der Spanne zu zahlen. Jetzt kommt der graue Markt ins Spiel. An diesem grauen Markt kaufen und verkaufen einzelne Investoren die Aktien gewissermaßen im Voraus. Die „Vorab-Käufer" nennen also den Preis, zu dem sie bereit sind, am ersten Tag der Börsennotiz die Aktien zu erwerben. Bei diesen Graumarktgeschäften handelt es sich natürlich um riskante Spekulationen, die jedoch einen Vorteil für informationshungrige Anleger bieten: Werden sehr hohe Graumarktpreise gehandelt, dann spricht das (ohne Garantie!) für die jeweilige Neuemission. Sie sollten sich also im Vorfeld über diese Graumarktpreise informieren, entweder bei Ihrem Bankberater oder im Internet unter der Domain des Börsenmaklers Schnigge: www.schnigge.de.

Gewinnerregel 3: Schnell reagieren
Wenn Sie die beiden ersten Regeln beachtet haben, heißt es, schnell zu reagieren. Warum auch nicht? Wenn nach Ihren Informationen das Unternehmen viel versprechende Aussichten hat und die Graumarktpreise reges Interesse an der entsprechenden Neuemission vermuten lassen, spricht alles für einen Kauf.

Warum Sie in solchen Fällen schnell handeln sollten: Erstens gibt es in manchen Fällen für so genannte Frühzeichner einen Rabatt. Das sind zwar möglicherweise nur einige wenige Euro, im Falle der Siemens-Tochter *Infinion* war es so lediglich 1 Euro (34 Euro Ausgabepreis für Frühzeichner, 35 Euro regulär); das kann jedoch interessant sein. Der zweite Grund ist jedoch wichtiger als dieser unter Umständen nur sehr kleine Preisvorteil. Wird nämlich eine Neuemission mehrfach überzeichnet, werden also beispielsweise 30-mal mehr Aktien geordert als überhaupt emittiert werden, kann es passieren, dass die Bookbuildingphase früher als geplant beendet wird. Gerade bei sehr interessanten Neuemissionen kann das dazu führen, dass Sie bei zu langem Zögern leer ausgehen.

Gewinnerregel 4: Zuteilung prüfen
Sie haben alle drei ersten Gewinnerregeln beachtet und der erste Börsentag der Neuemission ist da. Nun wird es spannend. Sind Sie bei der Zuteilung zum Zuge gekommen? Wenn Sie zu den Börsianern gehören, die klassisch mit Aktien handeln (also telefonisch über die herkömmliche Bankverbindung der örtlichen Filiale), dann müssen Sie am ersten Börsentag bei Ihrer Bank anrufen und sich telefonisch erkundigen, ob Sie mit dabei sind. Gehören Sie zu den Börsianern, die entweder über eine Direktbank, einen so genannten Discountbroker oder via Homebanking über die Hausbank handeln, dann wissen Sie in der Regel spätestens am Morgen des ersten Börsentages, ob Sie dabei sind.

EXPERTENTIPP

Der zunehmende Wettbewerb unter den Banken sorgt für einen zunehmenden Service. In absehbarer Zeit wird es nicht mehr nötig sein, die Zuteilung wie genannt zu überprüfen, weil jede Bank unaufgefordert so schnell wie möglich informiert. So bieten auch im Jahr 2000 die häufig als „Landbanken" bezeichneten Volks- und Raiffeisenbanken bereits diesen sofortigen Informationsservice.

Gewinnerregel 5: Verkaufstrategie bestimmen und begründen
Hier gibt es grundsätzlich drei verschiedene Möglichkeiten. Welche der Möglichkeiten Sie auch wählen, Sie sollten es begründen können. Die wichtigste Regel lautet auch hier: Gewinne laufen lassen, Verluste begrenzen.
- Möglichkeit 1: sofortige Gewinnrealisierung;
- Möglichkeit 2: mittelfristiges Kursziel setzen;
- Möglichkeit 3: langfristig die Aktie halten.

Möglichkeit 1: Wenn es – wie beispielsweise um Februar 2000 – zu Kursgewinnen von mehreren Hundert Prozent kommt, dann sollten Sie durchaus in Einzelfällen direkt verkaufen, um sich so Liquidität für nächste Gelegenheiten zu sichern. Der Nachteil: Sie müssen den Kursgewinn versteuern.

Möglichkeit 2: Wenn der Run auf eine Neuemission sehr groß ist und absehbar wird, dass auch nach der Emission die Nachfrageeuphorie bestehen bleibt, dann sollten Sie nach dem Grundsatz „Gewinne laufen lassen" einige Tage bis einige Wochen investiert bleiben, um die zusätzlichen Gewinne zu kassieren. Sie müssen stets gut informiert sein, um die Lage richtig einschätzen zu können. Denn gerade bei Neuemissionen kann es passieren, dass plötzlich und innerhalb weniger Tage die Stimmung dreht und der Kurs stark sinkt. Auch bei dieser Möglichkeit müssen Sie den Kursgewinn versteuern.

EXPERTENTIPP

Ein wichtiger Tipp für diejenigen, die nach Möglichkeit 1 oder 2 handeln wollen: Setzen Sie bei Ihren Börsengeschäften unbedingt Limits. Denn wenn die Nachfrage sehr groß ist, eine Neuemission also vielfach überzeichnet ist, führt das in der Regel am Tag der ersten Börsennotiz und danach zu erheblichen Kursschwankungen. Wenn Sie dann verkaufen wollen und kein Limit setzen, kann es Ihnen passieren, dass Sie zum denkbar schlechtesten Kurs verkaufen und sich Ihre bereits eingeplanten Gewinne zum Teil in Luft auflösen. Daher müssen Sie mit einem Limit den gewünschten und aus Ihrer Sicht realistischen Verkaufspreis angeben.

Möglichkeit 3: Sie sind sich aufgrund Ihrer Informationen sicher, dass ein Unternehmen, beispielsweise weil es Marktführer in einem Wachstumsmarkt ist, langfristig gewinnen wird. Von diesen langfristigen Gewinnen wollen Sie ebenfalls profitieren und denken daher erst einmal überhaupt nicht an einen Verkauf.

Nehmen wir hier das Beispiel *Deutsche Telekom*. Die ersten Tage nach der Neuemission und die ersten Wochen waren keineswegs so „berauschend" wie bei anderen Neuemissionen. Wer hier ohne große eigene Überlegung blind nach Möglichkeit 1 oder 2 handelte und die Aktie nach der Erstnotiz oder nach kurzer Zeit verkaufte, ärgerte sich zwei Jahre später. Zu diesem Zeitpunkt hatte die Aktie der *Deutschen Telekom* mit einem Aktienkurs von über 100 Euro immerhin das Siebenfache der Erstnotiz an Kursgewinn gebracht.

Gewinnerregel 6: Nachkauf prüfen
Auch hier gilt: Wer sich gut informiert, ist auf der Gewinnerseite. Es ist nämlich keineswegs so, dass in den letzten Jahren nur solche Investoren reich werden konnten, die bei Neuemissionen, insbesondere bei Aktien des Neuen Marktes, mit von der Partie waren und Aktien zugeteilt bekamen.

Im Gegenteil: Zwei bekannte Beispiele dafür, dass Sie – gut informiert – in aller Ruhe nach der ersten Börsennotiz hätten kaufen können, sind *EM-TV* und *Pixelpark*. In beiden Fällen gab es keinen Grund zur Eile, denn noch einige Zeitlang nach der ersten Börsennotiz gab es beide Neuemissionen zum günstigen Einkaufspreis. Der Aktienkurs von *EM-TV* dümpelte um den Bookbuildingspreis, bei *Pixelpark* – der Wert stand rund ein halbes Jahr nach der ersten Börsennotierung bei 160 Euro – gab es die Kaufgelegenheit um die 20 Euro (bei 15 Euro Zuteilungskurs).

Gerade die Beispiele *EM-TV* und *Pixelpark* zeigen, dass Gewinnen mit Aktien nichts mit Glücksspiel zu tun hat, sondern mit Know-how und Geduld – letztlich einmal wieder mit den drei berühmten G's von André Kostolany: Geld, Geduld und Gedanken.

Vorsicht Gier: Lobeshymnen für Risikoaktien

Welcher fortgeschrittene Börsianer träumt nicht davon? Einmal mit einer Risikoaktie so richtig Gewinn zu machen; einmal eine exklusive Information zu bekommen, zu kaufen und dann nur noch zusehen, wie die betreffende Aktie steigt. Am besten 1000 Prozent und mehr. Wer mit dieser Gewinnerhoffnung und letztlich Gier eine entsprechende Aktie finden will, der findet sie auch – im Internet.

Nehmen wir aus dem Jahr 2000 das Beispiel von www.stockreporter.de. Die Geschäftsidee von www.stockreporter.de war genial, wie auch die lesenswerte Zeitschrift „NetBusiness" im September 2000 berichtete. Die beiden Macher, laut „NetBusiness" Dennis Haas und Thorsten Prochnow, beide Manager der hinter www.stockreporter.de stehenden Firma *World of Internet.com AG (WOI),* kassierten von Unternehmen dafür, dass sie deren Namen als heißen Aktientipp empfohlen. Juristisch war die Vorgehensweise von Haas und Prochnow wohlweislich abgesichert, dennoch blieben nicht wenige Anleger auf der Strecke. „NetBusiness" recherchierte weiter und fand heraus, dass selbst die eigenen Aktientipps der Herren Haas und Prochnow offensichtlich teilweise gefälscht waren. Laut www.stockreporter.de hatte man die Aktie des Unternehmens *Nanopierce Technologies* bei 45 Cent empfohlen und bis Anfang September so ein Plus von knapp 300 Prozent gemacht. Das Dumme nur war: Am 11. Januar 2000, als vermeintlich, laut „NetBusiness", von stockreporter die Empfehlung für *Nanopierce Technologies* ausgesprochen wurde, lag der Kurs der Aktie bereits bei über 4 Dollar. Aus dem schöngerechneten Gewinn wurde so ein realistischer Verlust von knapp 50 Prozent.

Das Ganze spielte sich im Übrigen am im März 2000 gestarteten High-Risk-Market an der Hamburger Börse ab. Im Spätsommer 2000 waren laut „NetBusiness" von den 43 an diesem High-Risk-Market notierten Werten 26 Unternehmen aufgrund der Empfehlung der Herren Haas und Prochnow aufgenommen worden. Haas behauptete damals, er stünde mit den meisten der von ihm und seinem Kollegen hochgelobten Unternehmen in sehr engem Kontakt. Dummerweise konnten sich jedoch offensichtlich zahlreiche Firmenchefs nicht an *WOI* erinnern.

Fazit: Hüten Sie sich davor, auf solch dubiose Versprechen im Internet hereinzufallen. Hüten Sie sich vor Machenschaften wie denen der von „NetBusiness" aufgedeckten der Firma *WOI* und der Herren Haas und Prochnow. Es gibt keine Gewinngarantie. Es gab noch nie jemanden und es wird auch nie jemanden an der Börse geben, der immer nur gewinnt. Wer mit solchen Angeboten wie im Falle von *WOI* oder www.stockreporter.de wirbt, will nur Ihr Bestes: Ihr Geld.

Vorsicht vor Wunderheilern

Oder, um die Zeitschrift „Telebörse" vom 31. August 2000 zu zitieren: „Vorsicht, Schaumschläger!" Was die „Telebörse" in dieser Ausgabe berichtete, geschieht immer wieder und Sie sollten wissen, wie Sie mit „Wunderheilern" und „Schaumschlägern" umgehen müssen. Was ist mit diesen Begriffen gemeint und wieso ist mir dies so wichtig? Sie kennen die glorreichen Erfolgsbeispiele von Lee Iacocca und Lou Gerstner. Iacocca gelang in den Achtzigerjahren die legendäre Wiederauferstehung des *Chrysler*-Konzerns; Lou Gerstner war es, der *IBM* wieder neues Leben einhauchte. Fast schien es in dieser Zeit so, als genüge es, wenn bekannte, namhafte und bislang erfolgreiche Manager das Ruder eines sinkenden Unternehmens in die Hand nehmen und – zack! – geht es wieder aufwärts mit dem Unternehmen und natürlich auch mit dem Aktienkurs.

Lassen Sie uns als weniger bekanntes Beispiel die Entwicklung des Haushaltsmaschinenherstellers Sunbeam betrachten. Fast schien es 1995 und Anfang 1996 so, als würde die Aktie von *Sunbeam* nie mehr etwas anderes tun, als am Boden dahinzudümpeln. Doch dann kam Al Dunlap. Der Name Dunlap stand für eine radikale und für die Aktionäre höchst erfolgreiche Unternehmenssanierung der Firma *Scott Paper*. Hier gelang es Dunlap, in nur zwei Jahren den Unternehmenswert zu verdreifachen. Nachdem Dunlap nun das Ruder bei *Sunbeam* übernommen hatte, kletterte der Aktienkurs an nur einem Tag um rund 50 Prozent. Fatal war nur: Dunlap versuchte offensichtlich bei *Sunbeam* seinen Erfolg von *Scott Paper* zu wiederholen, indem er vor allem auf Kostensenkung setzte, Mitarbeiter kündigte und Manager feuerte. Doch diesmal war Dunlaps Strategie zu einseitig. Als man bei *Sunbeam* erkannte, dass Dunlap keineswegs der große Retter war, und man sich von ihm trennte, begann eine unvorstellbare Talfahrt des Aktienkurses.

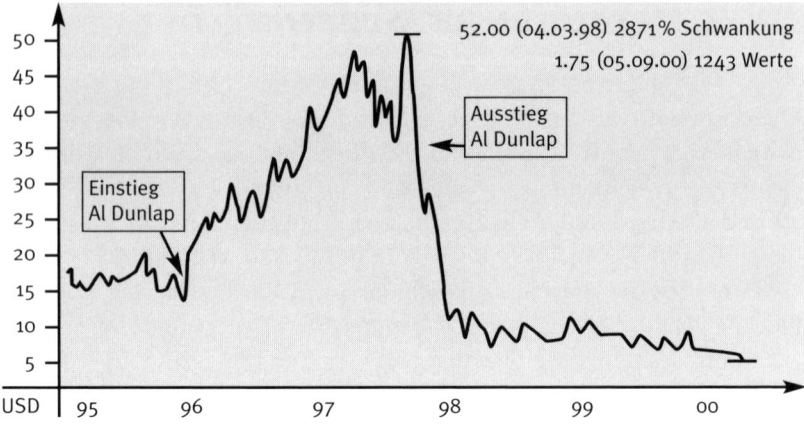

Sunbeam Corp.; Quelle: www.lycos.de

Ein anderes markantes Beispiel ist *AT&T.* Hier kam im Jahr 1997 Michael Armstrong als „Schaumschläger" und „Wunderheiler" hinzu. Zugegeben, Armstrong hatte die Firma *Hughes Electronics* zuvor erfolgreich saniert. Und in den ersten zwei Jahren nach seiner Amtsübernahme bei *AT&T* schien es so zu sein, als würde Armstrong wieder der große Erfolg gelingen. Immerhin kletterte der Aktienkurs auf über 60 Dollar im Jahr 1999. Doch als immer deutlicher wurde, dass Armstrongs Strategie lediglich zu

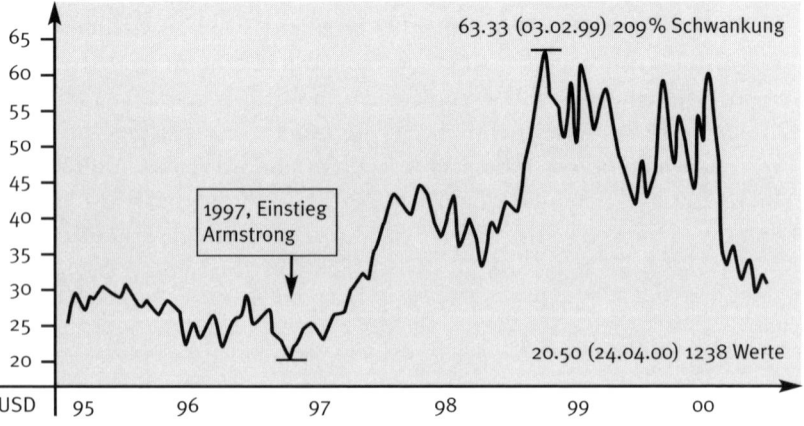

AT&T; Quelle: www.lycos.de

einem „zusammengerafften Vermögen" („Telebörse" vom 31. August 2000) führte, war es um den Aktienkurs geschehen. Lag der Kurs Anfang 2000 noch bei etwa 60 Dollar, sank die Aktie in den Monaten danach auf die Hälfte.

Ein letztes Beispiel dafür, wie vermeintliche „Wunderheiler" daneben liegen können, ist *Kmart,* ein amerikanischer Einzelhandelsgigant. 1995 war das Unternehmen dem Bankrott nahe. Jetzt kam die Stunde von Floyd Hall. Hall war bekannt als erfolgreicher Sanierer. Doch auch er setzte bei *Kmart* lediglich auf ständige Kostensenkungsmaßnahmen. Das Ergebnis einige Jahre nach Antritt des „Wunderheilers" Hall: Die veralteten Technologien machen *Kmart* schwer zu schaffen und der Erfolg bleibt aus. Im Mai 2000 trat Floyd Hall zurück. In der Zeit danach wurden durch die über Jahre ausgebliebenen Investitionen erhebliche Neuerungen fällig. Neue Computersysteme mussten her. Der dadurch entstehende Verlust drückte den Aktienkurs bis September 2000 auf rund sieben Dollar. Die „Erfolgsjahre" stellten sich als Makulatur heraus.

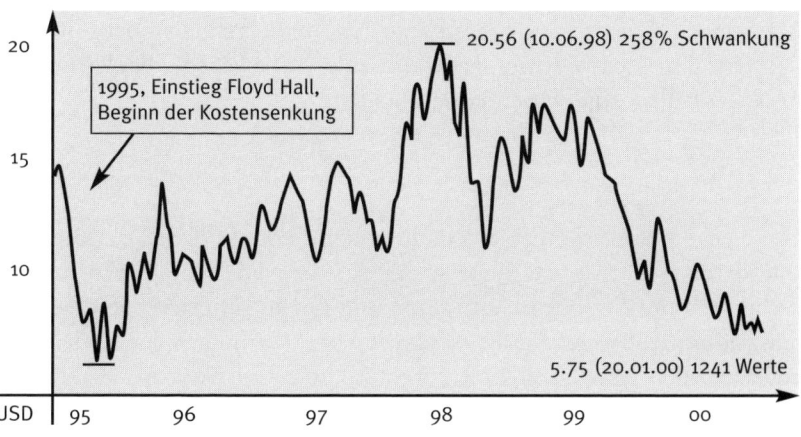

Kmart Corp.; Quelle: www.lycos.de

Fazit: Sicherlich ist es ein richtiger Schritt, wenn in einem schlecht laufenden Unternehmen ein guter Manager hinzukommt. Doch Börsianer sollten insbesondere in der Folgezeit, also nach dem Eintritt eines neuen

Managers, vorsichtig sein. Wenn hier vermeintliche „Wunderheiler" lediglich auf Kostensenkung setzen, kann der Kurs zwar in der ersten Euphorie erheblich steigen, doch ob die Kurssteigerungen dauerhaft sind, stellt sich erst später heraus. Noch wichtiger: Besonders wer einige Zeit nach dem Neueinstieg eines als erfolgreicher Sanierer gefragten Machers wegen des bereits gestiegenen Aktienkurses einsteigt, riskiert womöglich einen großen Teil seines Einsatzes.

Eines der krassen Beispiele ist die oben genannte Aktie des Unternehmens *Sunbeam*. Wer hier für den Kursanstieg in den Jahren 1996 und 1997 die unternehmerischen Fähigkeiten des neuen Machers „Dunlap" verantwortlich machte und in der Meinung verharrte, Dunlap würde auch weiterhin für Erfolge sorgen, stand Mitte des Jahres nahezu vor dem Totalverlust seines eingesetzten Kapitals.

Wie Investitionen Aktienkurse beeinflussen

Fortgeschrittene Börsianer zeichnen sich dadurch aus, dass sie typische Marktmechanismen kennen und beachten. Im Folgenden möchte ich Ihnen verraten, wie Investitionen die Aktienkurse bewegen. Hier lassen sich in vielen Fällen drei Phasen unterscheiden.

1. Phase: Zukunftsphase, Kursfantasie und Kursanstieg

Diese erste Phase zeichnet sich dadurch aus, dass auf der Basis guter Ertragsdaten Investitionen angekündigt werden. Die Erfolgsmeldungen, verbunden mit der mit Investitionen und daraus resultierenden Gewinnen zusammenhängenden Kursfantasie, sorgt dafür, dass der Aktienkurs auch wirklich steigt. Teilweise kommt es sogar zu einer Art Zukunftseuphorie. Immer mehr Anleger bekommen Wind von der Aktie, immer mehr steigen ein und der Kurs steigt und steigt.

Wer rechtzeitig gekauft hat, sollte aufmerksam den Kursanstieg verfolgen, jedoch zunächst nicht nachkaufen. Wenn der Kursanstieg dann immer schwächer wird (Ende der ersten, Beginn der zweiten Phase), heißt es zu verkaufen.

2. Phase: Kostenphase, Bedenken und Kursverlust

Diese zweite Phase kündigt sich oft dadurch an, dass statt über gute künftige Renditen plötzlich mehr über die durch das jeweilige Investitionsprogramm entstehenden Kosten gesprochen wird. Typisch für diese Zeit ist: Das Kurs-Gewinn-Verhältnis steigt, obwohl die Erträge noch gering bleiben. Die Anleger, die in der ersten Phase auf den steigenden Kurs reagiert haben und große Erwartungen hatten, sind verunsichert. Diese zweite Phase im Rahmen eines Investitionszyklus ist in der Regel ein Zwischentief. Enttäuschte Aktienbesitzer steigen mit Verlust aus, neue Käufer halten sich wegen der vermeintlich schlechten Zahlen zurück. Hier zahlt sich Geduld aus. Wenn ein Unternehmen in einem Investitionszyklus in diese zweite Phase gerät und Sie in der ersten Phase zu teuer eingekauft haben, sollten Sie beruhigt abwarten, was geschieht, denn die dritte Phase folgt garantiert.

3. Phase: Gewinnphase und Kursanstieg

Die Phase der Kostenbelastung und der in Folge geringen Erträge neigt sich dem Ende zu. Die Investitionen der Unternehmen zeigen Ergebnisse, nach und nach können immer mehr gute Zahlen präsentiert werden. Zu Beginn dieser dritten Phase ist der Einstieg besonders günstig: Einerseits ist der Kurs im Laufe der zweiten Phase auf ein sehr interessantes Niveau gesunken, andererseits sind die Ertragsaussichten durch die nun greifenden Investitionen sehr gut.

Fazit: Dieser dreiphasige Investitionszyklus kommt bei Aktien immer wieder vor. Wer hier die typischen Marktmechanismen kennt und regelmäßig das Geschehen an den Börsen verfolgt, hat gute Chancen auf einen günstigen Einstieg und auf Kursgewinne. Auch wenn Sie bei einem Unternehmen in der ersten Phase womöglich zum falschen Zeitpunkt eingestiegen sind, seien Sie geduldig – zumindest wenn Sie langfristig orientiert sind und nicht vom Daytrading leben. Aktien von in der Substanz gesunden Unternehmen, die lediglich wegen Investitionen und den damit verbundenen Kosten im Kurs sinken, steigen irgendwann garantiert.

Neuer-Markt-Special

In „Gewinnen mit Aktien – Chancen für Einsteiger" bin ich bereits auf einige Grundsätze für erfolgreiches Investieren in Aktien von am Neuen Markt notierter Unternehmen eingegangen. Wichtig sind z. B. die folgenden Kriterien:
- Marktführerschaft
- Management
- Wachstumspotenzial

Ich gehe nun auf einige weitere Besonderheiten ein, die Sie unbedingt beachten sollten, wenn Sie auf Dauer am Neuen Markt zu den Gewinnern zählen wollen.

Gewinner-Know-how für Gewinne am Neuen Markt

Wer im Jahr 1999 und 2000 aufmerksam die Presse verfolgte, wunderte sich bei so mancher Berichterstattung zu Unternehmen des Neuen Markts. Kaum ein Unternehmen, das nicht Weltmarktführer sein will, sein soll oder nahezu garantiert werden wird. Nicht umsonst titelte das Wirtschaftsmagazin „DM" im Juli 2000 mit „Falscher Glanz – Unter den Börsen-Newcomern wimmelt es von selbsternannten Weltmarktführern. Doch viele dominieren nur eine Marktnische. Anleger sollten zweimal hinsehen".

Betrachten wir einmal das Beispiel der Firma *Parsytec*. Sie kennen *Parsytec* nicht? Den Weltmarktführer für Oberflächenqualitätskontroll-Software? So wie Ihnen wird es fast jedem Leser gehen, obwohl *Parsytec*-Geschäftsführer Falk Kübler im Sommer 2000 einen Marktanteil von über 60 Prozent nennt. Noch lockerer als mit „Weltmarktführer" wird mit dem

Begriff der „Technologieführerschaft" kokettiert. Die vollmundigen Versprechen sind dabei nur selten Aussagen der verantwortlichen Geschäftsführer, sondern sie werden in vielen Fällen von den Werbeagenturen beziehungsweise von den so genannten Investor-Relation-Agenturen (salopp übersetzt: Kundenbetreuungsagenturen; Kunde ist der Investor) formuliert. Frei nach „Klappern gehört zum Handwerk" gehört es für fast jedes junge Unternehmen dazu, die bereits (vermeintlich) bestehende oder (angestrebte) künftige Weltmarktführerschaft zu betonen.

Dabei gilt:
● Marktführerschaft ohne Wachstumspotenzial (ohne Markt)
  = Misserfolg
● Marktführerschaft mit Wachstumspotenzial (mit Markt)
  = Erfolg

Für fortgeschrittene Anleger bedeutet das: Selbst dann, wenn ein Unternehmen sich zu Recht als (weltweit) führend bezeichnet, ist diese Alleinstellung noch lange kein Kaufsignal. Denn gibt es keinen Markt für ein Produkt, eine Idee oder eine Dienstleistung, dann nutzt die herausragendste Marktführerschaft nichts. Meine Erfolgsregel in diesem Zusammenhang lautet: Nur jeweils die drei Großen einer Branche machen Gewinne. Profit erzielt oft nur der Erstplatzierte. Doch keiner hat eine Chance, wenn es keinen entsprechenden Markt gibt oder der Markt stagniert.

Ein krasses Beispiel dafür, wie Anleger, die diese einfache Erfolgsregel missachteten, viel, viel Geld verloren haben, ist *Artnet.com.* Für Kunstliebhaber war im Sommer 2000 *Artnet.com* sicherlich der führende Anbieter von Information und Handel schlechthin; Geld wurde jedoch keines verdient. Im Gegenteil: Aufgrund der hohen Verluste stand der Aktienkurs im Mai 2000 bei mickrigen 10 Euro, nach einem Höchststand von bis dahin 66 Euro. Ganz anders dagegen steht es beispielsweise bei *Qiagen* und *Aixtron. Qiagen* ist Weltmarktführer für Produkte, mit denen die Erbgutmoleküle DNS und RNS getrennt werden. *Aixtron* hat einen Marktanteil von ca. 50 Prozent im Bereich der Produktionsanlagen für Verbindungshalbleiter. Außerdem dominiert *Aixtron* den Markt durch eine konkurrenzlos günstige Produktion. Bei *Aixtron* müssen Sie sich den gigantischen Markt wie folgt vorstellen: Ohne Halbleiter funktioniert kaum noch etwas im Alltag. Ob Ihr Handy oder Verkehrsampel – Halbleiter sind das A und O. Die Folge: Marktführerschaft mal Wachstumspotenzial (gegebener Markt) = Erfolg und mit großer Wahrscheinlichkeit steigende Kurse.

Wenn Sie selbst auf Dauer gewinnen wollen, sollten Sie die genannten Punkte bei der Investition in Aktien des Neuen Markts berücksichtigen. So banal es klingt, so wichtig bleibt die Grundregel Nr. 1: Kaufen Sie niemals Aktien eines Unternehmens, von dem Sie nicht wissen, welche Produkte es herstellt, wie es um die wirkliche Marktstellung aussieht und wie groß das realistische Wachtsumspotenzial ist. Frei nach dem alten Kaufmannsspruch „Professionell Geld ausgeben ist einfach, professionell Geld verdienen dagegen schwer" sollten Sie Unternehmensträume einzelner Unternehmen von realistischen Unternehmenszielen unterscheiden. Sie müssen Ihre Hausaufgaben machen. Erst dann dürfen Sie investieren.

Ihre Neuer-Markt-Reifeprüfung – Fünf Checkfragen

Bei den folgenden fünf Fragen handelt es sich um einfache Fragen, die Sie jedoch schnell zu einer ebenso einfachen Antwort führen. Erst dann, wenn Sie ohne langes Zögern alle fünf Fragen mit einem deutlichen Ja beantworten können, sollten Sie in Einzelwerte des Neuen Marktes investieren.

Wenn Sie bei einer Frage unsicher sind oder eine oder mehrere Fragen mit Nein beantworten, sollten Sie – das ist meine persönliche Meinung – die Finger von einzelnen Aktien des Neuen Marktes lassen und stattdessen lieber in Neuer-Markt-Fonds investieren.

Frage 1:
Können Sie Kursschwankungen von 10 bis 30 Prozent pro Tag und von 50 Prozent und mehr pro Woche im Zweifelsfall problemlos verkraften?

Frage 2:
Sind Sie mit den Wachstumsbranchen vertraut? Verfügen Sie über eigene Kenntnisse zu den einzelnen Wachstumsbranchen und können Sie ein eigenes Urteil fällen?

Frage 3:
Sind Sie mit den Produkten und Dienstleistungen der einzelnen Firmen der Wachstumsbranchen vertraut und können Sie selbst die Marktführerschaft und das Wachstumspotenzial zuverlässig einschätzen?

Frage 4:
Können Sie es finanziell problemlos aushalten, wenn Ihr Aktiendepot auch einmal über einige Zeit bis zu 50 Prozent und mehr verliert?

Frage 5:
Besitzen Sie ausreichende Kenntnisse über die aktuelle Verlust- und Gewinnsituation der Unternehmen, für die Sie sich interessieren?

Nochmals: So einfach diese Fragen klingen mögen, so wichtig sind sie meines Erachtens. Wer sich als fortgeschrittener Anleger regelmäßig mit Börsenthemen befasst und zudem über ausreichendes Kapital verfügt, der wird sicherlich alle Fragen – bei grundsätzlicher Risikofreudigkeit – mit Ja beantworten. Für alle anderen gilt: Der Neue Markt ist keine „Gewinn-Einbahnstraße". Ohne das spezielle Know-how zum Neuen Markt haben Sie zwar eine Chance auf große (Glücks-)Gewinne, riskieren jedoch, wenn es schief geht, Ihr Vermögen.

Börse-online-Special

Das Arbeiten mit diesem Buch

Bis hierher haben Sie dieses Buch „nur" gelesen. Unterstützt durch die folgenden Kapitel sollen Sie jedoch mit diesem Buch vor allem auch arbeiten. So können Sie das Internet spielerisch besser und schneller kennen lernen. Dieses Kapitel ist nicht für die Vollprofis gedacht, also nicht für diejenigen, die möglicherweise ohnehin seit Jahren mit dem Internet arbeiten. Im Vorfeld haben wir im Team des FINANZ-INSTITUTS in Lahnstein diesen Text auch Profis vorgelegt. Die einhellige Meinung: Auch diejenigen, die bereits seit einiger Zeit aktiv das Internet für ihre Börseninvestitionen nutzen, fanden hier die ein oder andere wertvolle und wichtige Anregung.

Ausgangsbasis für das folgende Kapitel ist, dass Sie über einen PC verfügen und sich grundsätzlich bereits mit dem Thema „Börse online" auskennen. Haben Sie keinen Internetanschluss, dann können Sie beispielsweise in einem Internet-Café – die gibt es mittlerweile auch schon in kleineren Städten – gegen eine kleine Gebühr im Internet surfen. Oder Sie fragen Freunde und Bekannte, ob sie deren Internetanschluss einmal nutzen dürfen, um dieses Kapitel aktiv in die Praxis umzusetzen. Langfristig sollten Sie sich jedoch in jedem Fall einen eigenen Internetanschluss am heimischen PC einrichten lassen. Wo auch immer Sie nun Ihre Internetverbindung bekommen: Legen Sie dieses Buch daneben, wenn Sie sich nun ins Internet einloggen.

Sie lernen im Folgenden Internetadressen kennen, die Ihnen dabei behilflich sein sollen, sich zu informieren. Dabei kann es passieren, dass die eine oder andere Adresse nicht mehr aktuell ist. Dies kann sich zwischen Manuskriptabgabe und Veröffentlichung dieses Buches ergeben und ich bitte Sie, mir das nachzusehen. Aber selbst wenn sich einige Adressen geändert haben, werden Sie mit der Mehrzahl der Internetadressen arbeiten können und Sie bekommen so auf jeden Fall ein gutes Gefühl dafür, wie Sie die Informationsvielfalt im Internet für Ihre Börsengeschäfte Gewinn bringend nutzen können.

Bitte beachten Sie: Um das folgende Kapitel wirklich umsetzen zu können, müssen Sie gleichzeitig lesen und arbeiten. Durch Lesen und gleichzeitiges Surfen werden Sie mehr Spaß am folgenden Kapitel haben, denn ich möchte nicht nur beschreiben, sondern Ihnen ein Navigationssystem durch das Internet des Aktienhandels bieten.

Musterdepots und Börsenspiele

Persönliche Beratung

Ist es Ihnen bei Ihren Börsengeschäften weiterhin wichtig, mit einem persönlichen Berater über Ihre Geldanlage zu sprechen, so sollten Sie bei Ihrer jetzigen Bank bleiben. Sie können diese mit der Freischaltung Ihres Depots für das Internet-Banking beauftragen.

Direktbroker – mit Ausnahme der Advance Bank (Stand: September 2000) – haben keine Berater, die Sie über Risiken oder Chancen auf den Aktienmärkten informieren. Auf der anderen Seite verlangen die Filialbanken aber auch höhere Gebühren als Direktbroker.

Unabhängig von Ihrer Bankwahl gilt: Auch wenn Sie bei Ihrer bisherigen Bank bleiben, können die nachfolgenden Informationen auch für Sie interessant sein. Auch „Nicht-Kunden" der Direktbroker können den größten Teil der angebotenen Dienste im Internet kostenlos nutzen. Überspringen Sie dieses Kapitel also nicht, denn es liefert Ihnen viele Informationen für Ihre Geldanlage. Und wer weiß: Vielleicht entscheiden Sie sich sogar als bislang überzeugter Filialkunde für einen Discountbroker, nachdem Sie dieses Kapitel durchgearbeitet haben.

Keine persönliche Beratung

Gehören Sie zu den Anlegern, die auf die Dienste der Bank und deren Berater verzichten können, so lege ich Ihnen nahe, ein Depot bei einem Discountbroker zu eröffnen. Doch Vorsicht! Da Sie hier ganz auf sich selbst gestellt sind, sollten Sie bereit sein, eine Vielzahl von Informationen auszuwerten, denn sie übernehmen hier die Arbeit des Bankangestellten.

Auswahl des „richtigen" Discountbrokers

Angesichts der Vielzahl der Anbieter auf dem Markt, die sich in Ihren Dienstleistungen zum Teil stark unterscheiden, gilt „Wer die Wahl hat, hat die Qual". Bevor Sie sich allerdings unnötig quälen, werde ich versuchen, Ihnen einige Tipps zu geben, mit denen es Ihnen leichter fallen sollte, eine für Sie gute Wahl zu treffen. Es ist wichtig, dass Sie einen Broker finden, der zu Ihnen passt.

Bevor Sie auf die Suche gehen, sollten Sie mindestens vier der folgenden sechs Fragen mit einem klaren Ja beantworten können.

Kann ich auf die Informationen (persönliche Beratung) meiner Bank verzichten? ☐

Habe ich die Zeit, mich eingehend mit den Aktienmärkten zu beschäftigen? ☐

Habe ich überhaupt ein Interesse für komplexe Zusammenhänge der Wirtschaft? ☐

Habe ich Spaß und vor allem auch den Mut, selbstständig Entscheidungen zu treffen? ☐

Will ich mein Geld nicht nur einmal, sondern wiederholt in kurzen Abständen investieren? ☐

Komme ich mühelos mit dem PC und dem
Internet zurecht? ☐

Haben Sie mehr als zwei dieser Fragen mit einem Nein beantwortet, so
schlage ich Ihnen Folgendes vor: Surfen Sie auf einer der vielen Direkt-
broker-Internetseiten und versuchen Sie erst einmal spielerisch Ihr Anle-
gerverhalten zu untersuchen. Legen Sie bei dem Broker Ihrer Wahl Ihr eigenes Musterdepot an. Hier können Sie nichts falsch machen und erst
einmal „auf dem Trockenen" üben. Sie können Aktien kaufen, deren Entwicklung beobachten und sie dann wieder verkaufen, handeln jedoch
nicht mit echtem Geld. Sie legen die Werte, die Sie ausgesucht haben in
ein Depot, das nur „auf dem Monitor" existiert. Wann immer Sie es
möchten, können Sie dort rund um die Uhr mit Aktien handeln. Sie machen auf diese Weise keine Verluste und lernen, Ihr Musterdepot ständig
zu kontrollieren. Denn nur so können Sie etwas über Kursverläufe lernen.

Bei einigen Musterdepots wird ein besonderer Service angeboten: Sie
werden per E-Mail davon unterrichtet, wenn sich die Kurse der Aktien
in Ihrem Musterdepot über bzw. unter dem von Ihnen angegebenen
Limit befinden. Das ist ja nicht unbedingt tragisch, weil Sie in diesen
Fällen kein „richtiges" Geld verlieren. Solch einen Service bietet z. B.
die comdirekt Bank an mit dem Zweck, die Börse spielerisch kennen zu
lernen.

So könnte ein Musterdepot aussehen:

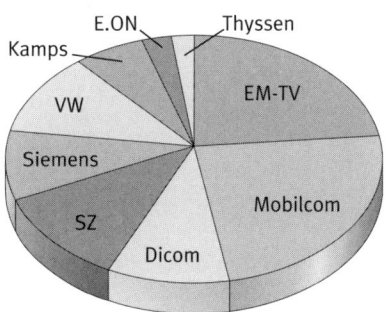

Anzahl	Name	Kauf	aktuell	Differenz	Gewinn in %
250	EM-TV	14 000	15 375	29 375	9,82
120	VW	6 300	4 776	-15 424	-24,19
95	Siemens	14 250	11 875	-2 375	-16,67
23	Thyssen	805	874	69	8,57
120	SZ-Testsysteme	2 400	3 360	960	40,00
250	Mobilcom	24 750	20 000	-4 750	-19,19
70	Kamps	6 300	4 900	-1 400	-22,22
30	E.ON	750	360	-390	-52,00
100	Dicom	1 900	700	-1 200	-63,16
Gesamt		71 455	62 220	9 235	-12,92

Stand: Juli 2000

Auf der Internetseite www.musterdepot.de finden Sie einen Überblick der Anbieter von Musterdepots mit täglichen Medienempfehlungen.

Börsenspiele

Es geht aber auch mit etwas mehr Nervenkitzel. Sie nehmen einfach an einem Börsenspiel teil. Solche Spiele finden in unregelmäßigen Abständen statt. Veranstaltet werden sie von TV-Sendern, Direktbanken, einigen Banken oder Sparkassen oder Wirtschaftsmagazinen.

Sie brauchen dafür nichts anderes zu tun, als auf den Internetseiten dieser Anbieter zu surfen und sich bei einem solchen Spiel anzumelden. Per E-Mail erhalten Sie dann ein Passwort, mit dem nur Sie Ihr Depot anlegen und einsehen können.

Sie haben ein fiktives Startkapital zur Verfügung. Nun können Sie während einer durch die Spielregeln festgelegten Zeit die Aktien, von deren Kursanstieg Sie überzeugt sind, kaufen, in Ihr Depot legen und anschließend wieder verkaufen. Nach Ablauf der Spielzeit, meistens nach drei oder sechs Monaten, werden die Depotgewinne aller Teilnehmer verglichen. Die Depots mit der besten Wertentwicklung erhalten Preise. Oft stehen diese Preise mit Geldanlagen in Verbindung: Beim Börsenspiel der

Direkt Anlage Bank und des Wirtschaftsmagazins „Börse Online" gab es u. a. Fondspakete im Wert von mehreren Tausend Euro zu gewinnen und die gesamte Gewinnsumme belief sich auf 550 000 Euro. Börsenspiele sind – wie ich finde – eine interessante Möglichkeit die Börse intensiver kennen zu lernen. Es kommt nicht selten vor, dass eine geringe Startgebühr von den Veranstaltern erhoben wird. Doch das ist immer noch besser, als Geld zu verlieren, wenn Sie in der Praxis Probleme mit Online-Broking haben. Das Wichtigste bei diesen Spielen ist ohnehin der Lerneffekt. Sie lernen spielerisch, sich selbst auf dem Parkett des Online-Broking zu bewegen, ohne ein Risiko einzugehen. Sie lernen sich selbst kennen, wenn es um Gewinne oder Verluste geht. Denn die Angst und die Gier spielt in der Wirklichkeit eine größere Rolle als bei einem Musterdepot, bei dem Sie nichts gewinnen bzw. verlieren können.

Ein sehr interessantes Börsenspiel startet immer zum Beginn eines Quartals (Stand: September 2000) bei der comdirect Bank. Unter www.brokerpoker.de gelangen Sie direkt auf die Seite des Börsenspiels und können sich registrieren lassen. Obwohl es eine Menge Preise zu gewinnen gibt, wird hier freundlicherweise keine Gebühr verlangt. Eine weitere Möglichkeit bietet www.boersenspiel.de. Auch auf dieser Seite können Sie sich kostenlos zu einem Börsenspiel anmelden. Weitere Börsenspielangebote erhalten Sie unter www.gomoney.de.

Legen Sie das Buch nun zur Seite und gehen Sie im Internet auf die oben angegebenen Seiten. Wer nicht über einen Internetanschluss verfügt, sollte sich diese Adressen notieren und – wie bereits erwähnt – diese Seiten in einem Internet-Café anschauen.

Der Discountbroker

Haben Sie sich für das Handeln per Discountbroker entschieden, sollten Sie einige Punkte beachten, damit sich für Sie keine Nachteile ergeben. Das wichtigste Entscheidungskriterium: die Kosten. Bei den alteingesessenen Geldinstituten sind die Kosten um einiges höher als bei Brokern.

Direktbanken, auch Discountbroker genannt, unterhalten kein Filialnetz und benötigen auch keine Bankangestellten im ursprünglichen Sinne. Ich verzichte an dieser Stelle bewusst auf einen Kostenvergleich der Banken. Da sich die Konditionen der Banken ständig ändern und neue Anbieter auf den Markt drängen, ist es ungeheuer schwierig, einen gültigen Vergleich anzustellen.

Bei einigen Anbietern sind kleine Aufträge teurer als große, jeweils im Verhältnis zur Ordergröße. Ist beispielsweise eine Order kleiner als 5 000 Euro, dann werden verhältnismäßig höhere Gebühren verlangt, als bei einem größerem Ordervolumen. Die Direkt Anlage Bank berechnet die Aufträge nach einem Staffelsystem.

EXPERTENTIPP

Achten Sie beim Kostenvergleich unbedingt auf Ihre übliche Ordergröße.

Untersuchen Sie beim Kostenvergleich der Banken folgende Punkte. In die Checkliste können Sie Ihre Ergebnisse gleich eintragen.

Gebühren für:	Wunschbank 1	Wunschbank 2	Wunschbank 3
jährliche Depotverwaltung			
Gebühren für Realtimekurse			
Limit setzen/ändern/streichen			
Zeichnen von Neuemissionen			
Erfolgloses Zeichnen			
Telefonkosten (0180/0190-Nummer)			
Depotkredit			
Verrechnungskonto			
Individuelle Preisnachlässe			

Individuelle Preisnachlässe erhalten Personen, die auch sonst von Nachlässen profitieren können: Schüler und Studenten zahlen bei Consors weder Mindestprovision, noch Konto- oder Depotführungsgebühren.

Kostenvergleiche der Direktbroker sind in unregelmäßigen Abständen in Wirtschaftsmagazinen am Kiosk zu finden. Aktualisierte Vergleiche finden Sie auch unter www.boerse.de/brokervergleich.htm. Einen weiteren interessanten Kostenvergleich bietet das Magazin FOCUS an. Unter http://finanzen.focus.de/D/DA/DAC/DAC11/dac11.htm können Sie Ihre individuelle Order eingeben und der für Sie günstigste Anbieter wird anschließend angezeigt.

EXPERTENTIPP

Gehören Sie zu den Anlegern, die erfahrungsgemäß unterschiedlich große Orders abgeben, dann eröffnen Sie am besten bei mehreren Banken ein Depot. Vor jedem Kauf vergleichen Sie dann die Preise bei „Focus online" und ordern anschließend beim günstigsten Broker.

Achten Sie jedoch nicht ausschließlich auf die Kosten. Neben den Kosten kommt es bei der Wahl eines Direktbrokers auch auf den Service an.

Erreichbarkeit

Sie können die Banken in aller Regel über Internet, per Telefon oder Fax erreichen. Sind die technischen Anlagen einer Bank jedoch nicht ausreichend ausgebaut oder herrscht Personalmangel, dann kommt es zu zeitlichen Verzögerungen. Sie müssen dann lange Wartezeiten in Kauf nehmen, um Ihre Aufträge abzugeben. Beispiel für solch einen Engpass war im Jahr 2000 der Kundenansturm vor der Emission der Infineon-Aktien. Die Banken waren derart überlastet, dass viele Kunden nach stundenlangen Warten ihre Versuche abbrachen.

EXPERTENTIPP

Bestehen zwischen telefonischen und Online-Orders Preisunterschiede, so weisen Sie Ihre Bank darauf hin, dass Sie telefonisch ordern mussten und verlangen Sie die Erstattung der Mehrkosten.

In der Regel wird die Bank darauf eingehen. Gibt Ihnen die Bank die Möglichkeit, per Fax oder Telefon zu ordern, so nutzen Sie auch diese Möglichkeiten.

Einige Kunden haben versucht, gegen die Banken aufgrund der Unerreichbarkeit gerichtlich vorzugehen. Sie hatten aber zunächst keinen Erfolg. Banken sind für technische Probleme nicht haftbar zu machen, es sei denn, Sie können Ihrer Bank einen Fehler nachweisen. Das ist allerdings äußerst schwierig. Wegen der immer öfter auftretenden Probleme hat sich das Bundesaufsichtsamt für den Wertpapierhandel (BAWe) eingeschaltet. Das Amt hatte im Frühjahr 2000 die Banken darauf hingewiesen, dass sie dazu „verpflichtet sind, die notwendigen Mittel und Verfahren vorzuhalten und wirksam einzusetzen" (§ 33 Wertpapierhandelsgesetz).

EXPERTENTIPP

Sollten Sie ebenfalls schon einmal negative Erfahrungen mit Discountbrokern gemacht haben, dann empfehle ich Ihnen, sich mit dem Aufsichtsamt für den Wertpapierhandel (BAWe) in Verbindung zu setzen. Unter Umständen kann Ihnen dort geholfen werden.
Die Adresse: Bundesaufsichtsamt für den Wertpapierhandel, Lurgiallee 12, 60439 Frankfurt am Main, Tel.: (0 69) 95 95 20, Fax: (0 69) 95 95 21 23, Website: www.bawe.de.

So erreichen Sie die bekanntesten Direktbroker in Deutschland:

Unternehmen	Internetadresse	Telefonnummer
advance-bank	www.advancebank.de	0 18 03/33 00 00
Comdirect	www.comdirect.de	0 18 03/33 63 66
Consors	www.consors.de	0 18 03/25 25 11
Deutsche Bank 24	www.bank24.de	0 18 03/24 00 00
Direkt Anlage Bank	www.diraba.de	0 18 02/25 45 00
DresdnerOrderDiscount	www.dresdner-bank.de	08 00/3 66 99 00
Fimatex	www.fimatex.de	0 69/7 10 75 00
Entrium Direct Bank	www.entrium.de	08 00/8 00 20 30
Eq-Online	www.eqonline.de	
1822direkt	www.1822direkt.de	0 18 03/24 18 22

Bei der Wahl der Bank ist darauf zu achten, dass Sie mit den Internetseiten und der Seitenführungen der Bank problemlos zurechtkommen. Jede Kostenersparnis ist verloren, wenn Sie bei der Bearbeitung Ihrer Aufträge mehr Zeit brauchen als nötig und die Telefongebühren in die Höhe gehen. Auf folgende Punkte sollten Sie achten, um beim späteren Arbeiten am PC ohne Schwierigkeiten zurechtzukommen:

● Einfache Handhabung,
● übersichtlicher Aufbau,
● logische Verknüpfung der Seiten miteinander,
● leichter Zugriff auf gewünschte Informationen,
● eindeutige Gliederung der Themen,
● die Möglichkeit von jeder Seite aus die vorherige zu erreichen.

Die Seiten sollten kundenfreundlich aufgebaut sein. Kundenfreundlich heißt, dass die Seiten übersichtlich geordnet sind. Das Handeln am PC soll kein Arbeiten sein. Ein jeder Kunde, ob Anfänger oder Fortgeschrittener, sollte ohne große Kenntnisse alles finden, was er finden will. Doch vor allem ist es wichtig, dass die eigentliche Abwicklung Ihrer Aufträge problemlos durchgeführt wird.

Grundsätzlich können Sie Informationen überall im Internet finden. Es ist aber leichter, wenn Sie alle Informationen, die Sie brauchen, von einem Anbieter erhalten.

So liegt es an Ihnen, selbst herauszufinden, mit welchem Service Sie am besten zurechtkommen. Denn das was für den einen einfach erscheint, kann dem anderem Probleme machen.

Gehen Sie einfach einmal so zum Spaß und ganz ohne Zwang auf die Seiten eines Discountbrokers und versuchen Sie, Informationen und Nachrichten zu bestimmten Wertpapieren zu finden. Denn erst in der Praxis werden Sie merken, welches Konzept von welchem Anbieter Ihnen am besten liegt.

Haftung

Nach Aussage des Wirtschaftsmagazins „Focus-Money", Ausgabe 28/2000, kam es in der Vergangenheit vor, dass Kundenaufträge von den Banken storniert wurden.

In einem konkreten Beispiel hatte ein Kunde eine Kauforder für Optionsscheine aufgegeben. Der Bankbeamte hat nach Rücksprache mit den zuständigen Stellen diese Order weitergeleitet. Kurz bevor das Geschäft vollzogen wurde, hat die Bank die Order storniert. Drei Wochen später hätte der Kunde einen Gewinn. Die Bank wurde zu einem Schadensersatz von 270 000 Mark verurteilt (OLG Düsseldorf, Az: 6U168/68). Der Kunde konnte aber diesen Prozess nur gewinnen, weil er einen Mitschnitt des Gespräches mit der Bank hatte. Dies ist äußerst wichtig, denn wer eine Behauptung aufstellt, muss sie beweisen. Deshalb sollten Sie bei einem Problem, das zwischen Ihnen und Ihrer Bank entsteht, immer etwas in der Hand haben, was Sie als Beweis vorlegen können. Sie sind als Kunde dazu verpflichtet, bei der Ausführung Ihrer Bankgeschäfte bestmöglich mitzuwirken.

In einem anderem Fall hat der Kunde die Ausführungsbestätigung seines Auftrages zwar einige Minuten nach Erteilung erhalten, aber diese wurde nicht tatsächlich zu diesem Zeitpunkt ausgeführt. Auch dieser Fall ist zugunsten des Kunden ausgegangen. Es handelte sich um einen Softwarefehler, für den die Bank nur mittelbar verantwortlich war. Diese Verteidigung der Bank hat das Landgericht Nürnberg-Fürth nicht beeindruckt. Die Bank wurde zur Schadenersatzzahlung von ca. 12 000 Mark verurteilt. Der Kunde konnte die Orderbestätigung, den dazugehörigen Aktienkurs mit Datum und Uhrzeit sowie den tatsächlichen Ausführungszeitpunkt als Beweise vorlegen. Zudem hat sich die Bank in ihren Werbeunterlagen zur „sekundenschnellen Ausführung" der Orders verpflichtet (Az: 14 0 9971/98).

Telefonisch aufgegebene Orders werden von den Banken mitgeschnitten und sie sind zur Herausgabe verpflichtet. Es ist trotzdem ratsam, einen Zeugen der Gespräche zu haben oder selbst die Gespräche aufzunehmen.

Erledigen Sie Ihre Geschäfte ausschließlich am PC über Internet, so ist Ihnen zu empfehlen, Ausdrucke von den Orders und den dazugehörigen Bestätigungen anzufertigen.

Heben Sie auf jeden Fall alle Faxbestätigungen Ihrer Orders auf. Sie gelten als Beweise für die korrekte Übermittlung der Order.

Eine weitere Hilfe bieten die Handelsüberwachungsstellen an den Börsen. Sie speichern alle Transaktionen elektronisch und können noch nach einigen Jahre die Abwicklung der Geschäfte nachvollziehen.

Bei auftretenden Problemen haben Sie auch die Möglichkeit, sich auf die Zusagen der Banken zu beziehen. Verspricht die Bank in ihrer Werbung z. B. eine sekundenschnelle Bestätigung der Order, so muss sie sich auch daran halten. Können Sie als Kunde das Gegenteil beweisen, haftet die Bank für den Schaden, der Ihnen entstanden ist. Haben Sie jedoch einen Auftrag kurz vor Börsenschluss abgegeben und er wird erst am nächsten Tag ausgeführt, so kann die Bank nicht haftbar gemacht werden. Dieses Recht behält sich die Bank vor und das wurde am 22. Februar 1999 vom Oberlandesgericht Karlsruhe bestätigt. Entsteht Ihnen dadurch ein Verlust oder verringert sich Ihr Gewinn, so haben Sie keinen Rechtsanspruch auf eine Entschädigung.

Sind Sie aufgrund von überlasteten Leitungen oder Netzverbindungen nicht zur Abgabe Ihrer Order gekommen, haben Sie auch hier nicht sofort einen Anspruch auf Schadenersatz. Erst wenn eine Fahrlässigkeit der Bank zu erkennen ist, haben Sie einen Anspruch auf Zahlungen. Da aber jede Bank darum bemüht ist, die Kapazitäten auszubauen, wird ein Beweis der Fahrlässigkeit kaum zu führen sein. Als einzige Hoffnung bleibt die Möglichkeit, sich mit der Bank außergerichtlich zu einigen. Haben Sie Beweise, können Sie diese Ihrer Bank vorlegen, und verhält sich die Bank kulant, so können Sie sich auf eine eventuelle Entschädigung einstellen. Denn schließlich wird die Bank darum bemüht sein, Sie als Kunden zu halten.

Expertentipp

- Wenn möglich Telefongespräche aufzeichnen.
- Einzelverbindungsnachweise, die kostenlos bei den Telefongesellschaften angefordert werden können, sorgfältig aufheben.
- Sendeprotokolle der Faxorders aufbewahren.
- Internetorders und deren Bestätigung ausdrucken und aufheben.
- An allen Börsen gibt es Handelsüberwachungsstellen, mit denen Sie in Verbindung treten können.
- Berufen Sie sich auf die Werbeversprechen der Banken, falls diese nicht eingehalten werden.
- Verlangen Sie Depotauszüge über sämtliche Transaktionen. Die Banken sind zu diesen Auskünften verpflichtet.
- Beim erfolgreichem Zeichnen müssen die Aktien spätestens zwei Tage nach Emission in Ihrem Depot liegen, sonst kann die Bank regresspflichtig gemacht werden.

Ihre Unterlagen, die als Beweise vorgelegt werden, müssen unbedingt Datum und Uhrzeit enthalten. Ist dies nicht der Fall, wird die ohnehin schwierige Beweisführung zusätzlich erschwert.

Kursvorteile durch unterschiedliche Börsenplätze

Selbstverständlich bieten alle Discountbroker den Handel an allen deutschen Börsenplätzen an. Es ist Ihnen überlassen, ob Sie Ihre Order in

Hamburg, München oder Berlin aufgeben. Sie können auf den Seiten Ihrer Bank den direkten Vergleich zwischen den Kursen sehen und Ihren Handelsplatz auswählen. Stellt man sich geschickt an, so ist es möglich, einen höheren Kurs an einer anderen Börse zu ermitteln und somit die Höhe des Transaktionserlöses ein wenig zu beeinflussen. Regionale Börsen sind aber auch teilweise auf bestimmte Werte spezialisiert. So hat sich z. B. die Berliner Börse auf alle an der NASDAQ notierten Werte spezialisiert.

Im Folgenden sind die Merkmale der einzelnen regionalen Börsen zusammengefasst.

Düsseldorf: Hier werden 5 % des gesamten Aktienumsatzes getätigt. Somit ist die Düsseldorfer Börse hinter Frankfurt die Nummer Zwei in Deutschland. Die Handelszeiten sollen bis 22 Uhr ausgeweitet werden. Internet: www.boerse-duesseldorf.de.

Stuttgart: 13 % aller in Deutschland abgegebenen Orders werden in Stuttgart ausgeführt. Mit dem „Best-Price-System" verspricht die Stuttgarter Börse allen Anlegern bei Orderaufgabe den vorteilhaftesten Kurs gegenüber den anderen regionalen Handelplätzen. Eine Ausweitung der Handelszeiten auf 22 Uhr ist auch hier geplant. Internet: www.boerse-stuttgart.de.

Berlin: Die Berliner Börse hat sich nicht nur auf die NASDAQ-Werte, sondern im Allgemeinen auf ausländische Aktien spezialisiert. Aufgrund der Zeitverschiebung gegenüber New York werden auch hier die Handelszeiten bis 22 Uhr ausgeweitet. Internet: www.berlinerboerse.de.

München: Wie in Berlin ist auch in München der Umsatz mit ausländischen Aktien hoch. Jedoch spezialisiert sich die Münchener Börse auf die Emerging Markets, das heißt auf Aktien aus wirtschaftlichen Schwellenländern. Außerdem wirbt der Handelsplatz mit dem Börsensegment „SELECT", wo speziell kleine Firmen gehandelt werden. Internet: www.bayerischeboerse.de.

Bremen: Bremen versteht sich als ein Komplettversorger der Kleinaktionäre und bietet ebenfalls US-Werte zum Handel an. Internet: www. boerse-bremen.de

Hamburg/Hannover: Beide Börsen haben sich am 1. Januar 2000 zur BÖAG (Börsen AG) zusammengeschlossen. Hier liegt die Spezialisierung auf Start-up-Firmen junger Unternehmensgründer und den High-Risk-Markets, Titel ausländischer Unternehmen, die hochspekulativ sind. Sie können unter www.boeag.de auswählen, ob Sie nun in Hamburg oder Hannover handeln möchten.

Aktien können nur gekauft werden, wenn gleichzeitig ein anderer Aktionär bereit ist, zum gleichen Kurs zu verkaufen. Es kommt schon einmal vor, dass eine Order nicht zustande kommt, weil keine Nachfrage bzw. kein Angebot vorlag. Haben Aktien an einem Börsenplatz ein höheres Umsatzvolumen als an einem anderen, so gibt es hier auch mehr Aktionäre, die kaufen oder verkaufen wollen. Können Sie Ihre Wertpapiere an einem Ort nicht verkaufen, dann können Sie die Börse wählen, an der ein höheres Handelsvolumen mit diesem Wert erreicht wird. Beispiel: Am 30. Juni 2000 wurden um ca. 10.20 Uhr in Hamburg 40 und in Frankfurt fast 12 000 Aktien der EM-TV Merchandising AG gehandelt.

Wollen Sie von einem Wert eine große Menge ordern, ist es auch möglich, dass Ihre Order geteilt wird. Ein kleines Beispiel aus der Praxis: Sie geben eine Kauforder über 500 Siemens-Aktien mit einem Limit von 155 Euro. Stehen in diesem Zeitpunkt nur 270 Aktien zum Verkauf, erhalten Sie zunächst diese 270 und zu einem späteren Zeitpunkt den Rest. Im schlechtesten Fall wird Ihr Ordervolumen öfter als nur einmal geteilt. Orders müssen nicht auf zwei oder mehr Tage verteilt werden, wenn die Nachfrage nicht mit dem Angebot übereinstimmt. Das ist nicht weiter schlimm, werden Sie denken, da ja das Limit eingehalten wurde. Doch es kommen in unserem Beispiel mindestens zwei Kaufaufträge zustande und somit fallen auch doppelte Ordergebühren an. Hätten Sie von vornherein einen Börsenplatz mit einem höheren Handelsvolumen der Siemens-Aktien ausgesucht, wäre Ihre Order wahrscheinlich nicht geteilt worden und Sie hätten Geld gespart.

Aus diesen Grund ist auch die Erreichbarkeit der ausländischen Börsen wichtig. Es gibt Aktien, die ebenso in London und Paris, aber auch in Madrid oder in New York gehandelt werden. Sind Sie im Besitz solcher Aktien und wollen Sie sie in Paris verkaufen, so hängt dies nur noch von Ihrer Bank ab. Während Sie z. B. bei der 1822direkt-Bank an allen ausländischen Börsenplätzen handeln können, ist es bei der Entrium Bank oder eq-Online überhaupt nicht möglich. Da sich die Welt im Zuge der Globalisierung und durch das Internet immer mehr zu einem „Dorf" entwickelt, wird es immer wichtiger, dass solche Transaktionen zustande kommen. Wenn man Bücher, Autos oder andere Produkte weltweit kaufen kann – warum nicht auch Aktien ?

Haben Sie sich für eine ausländische Aktie entschieden, so beobachten Sie den Kurs an der Heimatbörse des Wertes, denn er kann vom Kurs an einer inländischen Börse abweichen. Zudem sollten Sie den Preis in den Devisenkurs des Landes umrechnen, damit Sie keine Überraschung erleben.

Internetseiten der wichtigsten europäischen Börsenplätze:

London	www.stockex.co.uk
Mailand	www.borsaitaliana.it
Paris	www.bourse-de-paris.de
Wien	www.wbag.at
Zürich	www.bourse.ch

Die wichtigsten amerikanischen Börsenplätze:

NASDAQ	www.nasdaq-amex.com
New York Exchange	www.nyse.com
American Stock Exchange	www.ase.com

EXPERTENTIPP

Erkundigen Sie sich nicht nur, ob Sie an ausländischen Börsenplätzen handeln können, sondern auch, zu welchem Preis. Auslandsorders sind oft teurer und umständlicher in der Ausführung. Eine Kauforder von 2 500 Euro für japanische Aktien verursacht Orderkosten zwischen 50 und 150 Euro.

Neben der Möglichkeit, über das Internet an ausländischen Börsen zu handeln, sollte man nicht vergessen, dass Sie über ausländische Direktbanken ordern können. In der folgenden Liste finden Sie einige deutschsprachige Direktbroker in Österreich und in der Schweiz. Auf den Internetseiten können Sie sich eingehend über deren Angebot, die Konditionen, Handelszeiten und den Service informieren.

Schweiz

Discount Direkt	www.discountdirekt.ch
Youtrade	www.youtrade.ch
Savis	www.savis.ch
Oxfort Partners	www.swissbrokers.com

Österreich

Direkt-Anlage-Bank	www.daio.at

Nun wissen Sie das Wichtigste über Direktbanken. Sie werden in der Lage sein, die richtige Bank – das ist die Bank, die auf Sie persönlich zugeschnitten ist – auszusuchen.

Bitte beachten Sie, dass sich die Bankenbranche und die Rechtsprechung ständig verändert und dass einige hier veröffentlichte Hinweise nicht mehr auf aktuellem Stand sein können, wenn Sie sie lesen.

Mithilfe der unten abgedruckten Liste sollte es Ihnen nun nicht mehr schwer fallen, die „richtige" Bank auszusuchen. Ich schlage Ihnen vor, diese Liste zu kopieren, um sie besser bearbeiten zu können.

PRODUKTANGEBOT		
Guthabenzinsen		
Ordern an ausländischen Börsen, Intraday-Handel		
Möglichkeit der Zeichnung von Neuemissionen		
Fonds mit reduziertem Ausgabeaufschlag		
Fondssparpläne		
Welche Anlagemöglichkeiten werden zusätzlich angeboten?		

ORDERAUFGABE

Orderaufgabe
per Internet
per Telefon
per Fax
per E-Mail

INTERNETZUGANG

schneller, übersichtlicher Seitenaufbau
einfache Handhabung
Möglichkeit, immer die vorherige Seite zu erreichen
logische Verknüpfung der Seiten
wenig Werbebanner
Kontaktaufnahme und Beantwortung per E-Mail

TELEFONSERVICE

Erreichbarkeit rund um die Uhr, sieben Tage in der Woche
Freundlichkeit am Telefon
Kompetenz der Mitarbeiter
Dauer der Warteschleifen
Kosten der Telefongebühren (0180-, 0190- oder 0800-Nummer)

DEPOT

einfache Depoteröffnung
zuverlässige Orderabwicklung
übersichtliche Infos bezüglich Depotinhalt
Information über erreichte Gewinne bzw. Verluste
Information per SMS, E-Mail
schnelle Ausführung der Order
Möglichkeit der Betrachtung der bereits ausgeführten Orders

KOSTEN

jährliche Depotgebühren
Kosten für Realtimekurse
Kosten für Limit setzen/ändern/streichen
Kosten für misslungenes Zeichnen
Kosten für des Zeichnen von Neuemissionen
Gebühren für Verrechnungskonto
Zinsen für Depotkredit
individuelle Preisnachlässe
Mindesttransaktionsvolumen

SERVICEANGEBOT IM INTERNET

Analysten-Meinungen
Liste mit Kaufempfehlungen
Musterdepots
Kurslisten der Indices
Kennzahlen
Chartanalyse
Unternehmensporträt
Verweise auf Links
Sitemap

ALLGEMEINER SERVICE

Allgemeine Beratung (z. B. zu anderen Investitionsmöglichkeiten)
übersichtliche Kostenstruktur
eingehende Aufklärung bezüglich Wertpapierrisiken
übersichtliche, verständliche Broschüren und Werbeunterlagen

Bei Kriterien wie Mitarbeiterfreundlichkeit oder Dauer der Warteschleifen schlage ich Ihnen vor, doch einmal bei den Banken anzurufen. Prüfen und testen Sie die Bank. Trauen Sie sich ruhig, einmal Fragen zu stellen, um Kompetenz der Mitarbeiter zu testen. Gehen Sie auf einzelne

Wertpapiere ein. Fragen Sie, welche Wertpapiere noch zusätzlich angeboten werden. Erkundigen Sie sich nach der Funktionalität des Discountbroking. Versuchen Sie herauszufinden, ob die Person auf der anderen Seite der Leitung auch weiß, wovon Sie sprechen.

Was Sie noch über Discountbroker wissen sollten

Immer wieder erscheint die Informationssuche im Internet als eine Art Kinderspiel. Alles läuft fast wie von selbst. Sie klicken sich auf eine Seite eines Informationsanbieters ein und kurze Zeit später stehen Ihnen die gewünschten Informationen zur Verfügung. Die Schwierigkeit liegt aber darin, aus der Flut der Informationen die wichtigen von den unwichtigen zu trennen. Haben Sie ein Konto bei einem Discountbroker, wird Ihnen kein Berater zur Seite stehen. Nimmt man die eine oder andere Information als ungeübter Börsianer falsch auf, so kann das bares Geld kosten. Befolgen Sie daher bitte einen Rat: Wenn Sie Probleme haben, Informationen und Nachrichten sowie unternehmensbezogene Daten zu lesen und zu verstehen, bleiben Sie besser bei Ihrer Bank und versuchen Sie nicht, am falschen Ende zu sparen.

Nur die Advance Bank bietet neben allen anderen Serviceangeboten einer Direktbank seit dem 1. Juli 2000 auch Beratung in Fragen zur Geldanlage an. Kunden werden an sieben Tagen in der Woche von kompetenten Beratern persönlich beraten. Man kann davon ausgehen, dass in Zukunft auch andere Banken eine solche Dienstleistung anbieten werden.

Immer wieder wird beim Onlinebroking vom enormen Geschwindigkeitsvorsprung gesprochen. In einem Werbespot einer Direktbank heißt es: „An der Börse gibt es kein Spät, sondern nur zu spät." Es stellt sich die Frage, ob dieser Vorsprung wirklich so von Bedeutung ist und ob er auch so wichtig ist.

Ich habe die Zeit gemessen, die man benötigt, um eine Order aufzugeben: Hinsetzen, PC hochfahren, bei der Bank einloggen, Passwörter, PINs und TANs eingeben usw. bis hin zur Orderbestätigung. All das dauert ca. 15 Minuten. Hätte ich wie früher meine Bank angerufen und die Order mündlich durchgegeben, so hätte das maximal zwei Einheiten gekostet, nicht länger als drei Minuten gedauert und eine Zeitersparnis gegenüber dem Internet von 12 Minuten gebracht.

Beim Online-Banking haben Sie aber die Möglichkeit, Ihre Order unabhängig von Öffnungszeiten oder Mittagspausen Ihrer Bank aufzugeben. Die Bestätigung über die ausgeführte Order erhalten Sie kurze Zeit später auf Ihren Monitor. Das sind die entscheidenden Vorteile des Internets. Sie können zu jeder Tageszeit von jedem Ort aus ihre Order aufgeben. Sie wird sofort ausgeführt und bestätigt.

Die bereits erwähnten PINs und TANs bieten eine ausreichende Sicherheit. Doch der neue Sicherheitsstandard HBCI ist in seiner Ausführung noch sicherer. Bei diesem Standard hat der Kunde eine „elektronische" Unterschrift, mit der er seine Aufträge unterschreibt und an die Bank weiterleitet. Sie befindet sich auf einer Chipkarte oder einer Diskette, die im Besitz des Kunden ist.

Zusammengefasst ergeben sich folgende Argumente pro und kontra Discountbroker:

PRO	KONTRA
Kostenersparnis Zugang zu mehreren Börsenplätzen eigene Entscheidungen treffen	überwältigende Informationsflut keine persönliche Beratung
Schnelligkeit in der Orderbestätigung Überblick über die eigenen Aktien	kaum Zeitersparnis bei Orderabgabe Sicherheitsbedenken
Service rund um die Uhr längere Handelszeiten	fast unüberschaubare Preisgestaltung Preisvergleich schwer
ständig aktuelle Nachrichten Realtimekurse Entscheidungshilfen Informationen bezüglich eigener Aktien	zeitweise überlastete Zugänge zum Broker

Stellen Sie selbst eine Pro-und-Kontra-Liste der Kriterien zusammen, die
Ihnen wichtig erscheinen:

PRO	KONTRA

Haben Sie sich nun für einen Direktbroker entschieden, so brauchen Sie
nur noch ein Depot zu eröffnen und es kann losgehen. Sie haben zwei
Möglichkeiten der Depoteröffnung: Sie können die Anmeldeformulare
bestellen, ausfüllen und wieder per Post zurücksenden. Zum anderen ist
es möglich, ein Eröffnungsformular online auszufüllen und abzuschicken.
In beiden Fällen benötigen Sie eine Kopie Ihres Personalausweises, die
bestätigt, dass es Sie wirklich gibt. Sie können diese Kopie von einem Pfar-
rer, Polizei- oder Postbeamten beglaubigen lassen. Sind die Formalitäten
erledigt, dauert es in den meisten Fällen etwa vier bis sechs Wochen, bis
Sie die Bestätigung über Ihre Kontoeröffnung erhalten.

Die Informationssuche im Netz

Diese Situation werden Sie sicherlich kennen: Sie sitzen auf Ihrer Couch
und schauen Fernsehen. Auf einem Sender werden Aktien einer be-

stimmten Firma zum Kauf empfohlen. Angeblich handelt es sich da um einen „Stern" am Aktienhimmel. Der Wert hat laut Aussage der Analysten aufgrund zukünftiger Entwicklung ein großes Kurspotenzial nach oben. Von solchen Empfehlungen möchten Sie auch profitieren. Sie haben allerdings gelernt, dass sich auch Analysten manchmal verschätzen. Darum wollen Sie die Analyse selbst in die Hände nehmen, um sich ein Bild von diesem Unternehmen zu machen. Nichts ist schlimmer, als sich auf gute Tipps oder heiße Empfehlungen zu verlassen. Angenommen, Aktien des Unternehmens *Micrologica* wurden zum Kauf empfohlen. Wollen Sie Informationen über dieses Unternehmen erhalten, sollten Sie zunächst versuchen, direkt unter der Internetadresse www.Micrologica.de danach zu suchen. In diesem Fall werden Sie Glück haben. Diese Adresse bringt Sie auf die Homepage des gesuchten Unternehmens.

Hier finden Sie alles, was Sie gesucht haben. Auf den Seiten erhalten Sie neben allgemeinen Informationen zu den Produkten auch die Auskunft, wer als Geschäftspartner mit Micrologica zusammenarbeitet oder wer in der Kundenkartei steht.

Für eine Investition in dieses Unternehmen sollten Ihnen diese Fakten jedoch nicht ausreichen. Unter „Investor" werden Sie fündig. Hier sind alle Informationen greifbar, die Sie interessieren sollten: Geschäftsberichte, Aktionärsstruktur und Analystenstudien. Etwas mager fallen hier die Informationen zu fundamentalen Daten, wie z. B. zum Kurs-Gewinn-Verhältnis, aus. Informativer erscheinen die Seiten des Börsensegments „Neuer Markt". Unter www.Neuer-Markt.de finden Sie auch ad-hoc-Meldungen, Geschäftsberichte oder Termine für Hauptversammlungen und Pressekonferenzen.

Aber nicht nur zu den einzelnen Unternehmen gibt es hier Informationen, auch allgemeine Informationen zum Neuen Markt. Egal, ob Sie Statistiken, Termine oder Kurslisten suchen, hier werden Sie fündig. Ein, wie ich meine, hilfreicher Service ist eine Datenbank mit allen am Neuen Markt gelisteten Unternehmen samt Wertpapierkennnummern und Börsenkürzeln. Diese detaillierte Liste finden Sie unter der Rubrik Service.

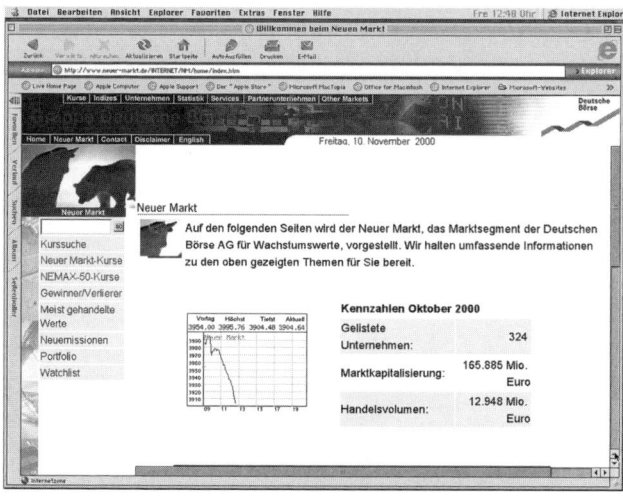

Unter einer weiteren Rubrik (Kurse) werden Sie nicht nur die aktuellen Kurslisten der Indizes des Neuen Marktes, sondern auch die Gewichtung der Werte im Index finden. Die Gewichtung ist abhängig vom Aktienumsatz und der Marktkapitalisierung, die ein Unternehmen aufweist. So kommt es denn auch dazu, dass einzelne Firmen die Indizes wechseln, wenn sich die Gewichtung ändert. Beispiele für das Einziehen in einen höher bewerteten Index, z. B. vom NEMAX ALL SHARES in den NEMAX 50, sind *T-Online, Direkt Anlage Bank* oder *D.Logistics*. Dies gilt auch für den umgekehrten Weg, falls die Aktien eines Unternehmens nicht mehr im bisherigen Umfang gehandelt werden. Beispiel hierfür ist die BINTEC AG, die im März 2000 aus dem NEMAX 50 in den NEMAX ALL SHARES wechseln musste. Dies als kleiner Exkurs an den Neuen Markt.

Sie runden Ihren Ausflug ins Internet mit einem Besuch auf den Seiten von www.onvista.de ab. Hier sind nicht nur ausführliche Unternehmensporträts zu finden, sondern auch eine Menge Daten, die Ihnen hilfreich sein werden. Sie tragen den Firmennamen in das Suchfeld ein und schon erscheint eine Reihe nützlicher Informationen. Da die Auskünfte bei Onvista meines Erachtens sehr informativ und komplex sind, möchte ich sie Ihnen näher vorstellen.

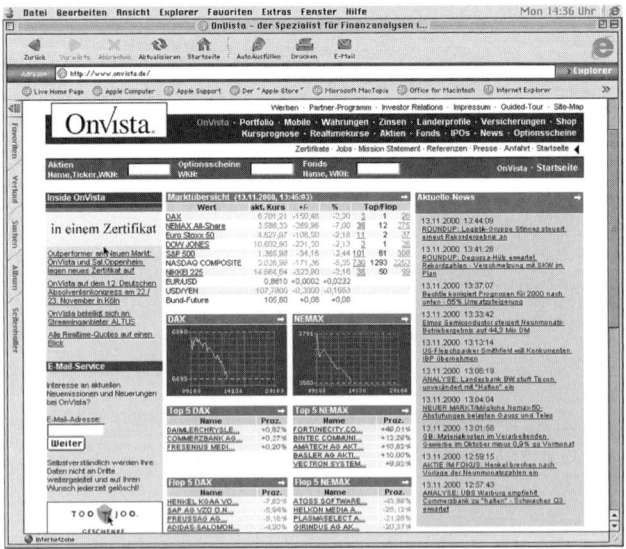

Schon auf der Eröffnungsseite von www.Onvista.de finden Sie einen Überblick des DAX und des NEMAX. Auf der laufend aktualisierten

Leiste rechts stehen die mit Datum und Uhrzeit versehenen Nachrichten. Der aktuelle Kursverlauf der Indizes wird übersichtlich in der Mitte des Monitors dargestellt. Darunter befinden sich jeweils die fünf Top- bzw. Flop-Aktien des jeweiligen Index. Selbstverständlich können die Nachrichten angeklickt werden, um sie vollständig zu lesen.

Interessieren Sie sich jedoch für eine bestimmte Aktiengesellschaft, brauchen Sie nur die Wertpapiernummer oder den Namen in die dafür vorgesehenen Felder einzugeben. Ich habe es mit dem Neuen-Markt-Wert *Micrologica* ausprobiert. Wie Sie sehen, stehen mir alle Informationen zu diesem Wert zur Verfügung. Ob ich Kurse wissen will, Empfehlungen lesen oder die Kennzahlen vergleichen möchte; alles, was ich an Informationen benötige, erhalte ich mit nur wenigen Mausklicks.

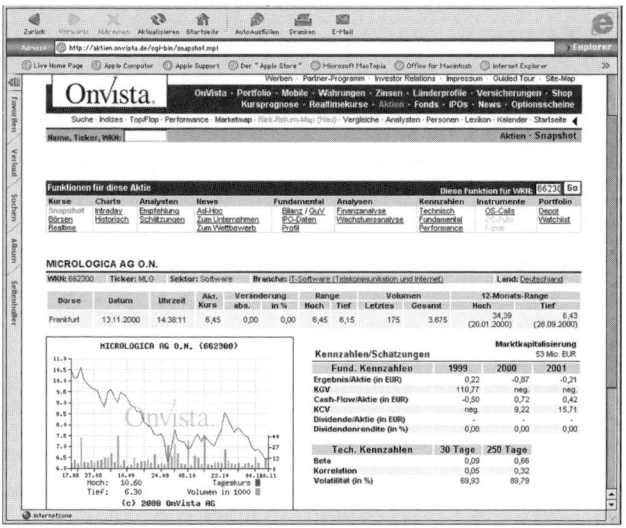

Bis auf die Funktion „Portfolio" stehen diese Dienstleistungen nicht nur den Kunden von Onvista zur Verfügung. Jeder kann sich hier anklicken und die gewünschten Informationen herauslesen. Onvista ist dabei nur ein Beispiel von vielen Anbietern. Solche oder ähnliche Dienste bieten im Internet auch Broker an. Um diese Informationen zu erhalten, muss man nicht Kunde eines Brokers werden.

Kurse	An dieser Stelle können Sie die Kurse der ausgewählten Werte an allen deutschen Börsen vergleichen. Selbst Realtimekurse stehen hier dem Interessenten kostenlos zur Verfügung.
Charts	Hier ist es möglich, nicht nur die Tagesentwicklung zu sehen, sondern die Kursentwicklung über einen Zeitraum, den Sie selbst festlegen können.
Analysten	Nicht nur Empfehlungen sondern auch die Einschätzungen für die Zukunft stehen hier zum Lesen bereit.
News	Wie der Name schon sagt, geht es hier um die Nachrichten zum Unternehmen, zum Wettbewerb und um Ad-hoc-Meldungen.
Fundamental	Hier erscheinen die Bilanz/Gewinn-und-Verlust-Rechnung, Emissionsdaten und ein Unternehmensporträt.
Analysen	„Finanzanalyse" nimmt die finanzielle Lage des Unternehmens unter die Lupe; „Wachstumsanalyse" die zukünftige Entwicklung des Unternehmens.
Kennzahlen	Hier werden alle Möglichkeiten mathematischer Vergleiche angestellt, um die unternehmerische Entwicklung zu berechnen.
Instrumente	Verweise auf existierende Optionsscheine bzw. Fonds mit diesem Titel.
Portfolio	Hier kann der Kunde von Onvista sein Depot bzw. seine Watchlist kontrollieren

Einige Banken, u. a. die comdirect-Bank, haben alle Funktionen und Rubriken, die Sie einsehen können, unter „Sitemap" abgelegt. Öffnen Sie diese Seite, so werden Sie eine komplette Liste der angebotenen Rubriken finden. Von dort aus können Sie sich direkt in die gewünschte Unterfunktion klicken. Zudem können Sie die Sitemap dazu benutzen, sich einen Angebotsüberblick zu verschaffen.

Gegenüber den Filialbanken bieten Direktbroker erweiterte Dienste an. Wenn Sie auf die Seiten der Broker gehen, wird Ihnen auffallen, dass Sie Zugang zu Informationen haben, die bis vor wenigen Jahren nur Börsenprofis zur Verfügung standen: unzählige Charts, Analysen, ad-hoc-Meldungen und Nachrichten.

Charts im Netz

Im Prinzip reicht eigentlich nur ein Anbieter, da die Charts sich in ihrem Verlauf nicht unterscheiden. Doch es gibt bei der Darstellung eines Kursverlaufes verschiedene Möglichkeiten, die man nicht außer Acht lassen sollte.

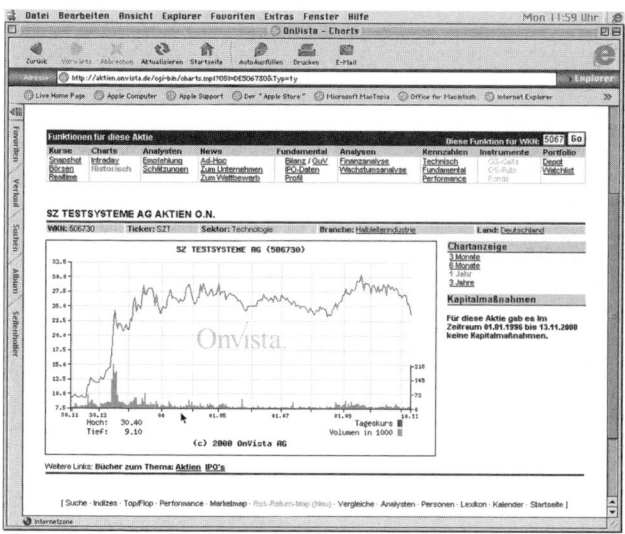

Bei Onvista.de wird nicht nur der Chart angezeigt, sondern auch relevante Daten und Kennzahlen, die bei der Betrachtung des Kursverlaufs hilfreich sind. Eine übersichtliche Gliederung erleichtert die Analyse. Gleichzeitig werden außer dem aktuellen Kurs auch der Höchst- und Tiefstkurs des Tages und des Jahres angezeigt. Darüber hinaus stehen in gelisteter Form die Vergangenheitswerte und Prognosen für KGV, KCV und andere Kennzahlen zur Verfügung. Verstehen Sie einige dieser Kennzahlen nicht, so können Sie unter „Lexikon" Erklärungen finden. Hier ist es ebenfalls möglich, die Zeitintervalle selbst zu bestimmen. Somit haben Sie auf einen Blick eine sehr interessante Darstellung Ihres gesuchten Wertes und der dazugehörigen Daten. Denn nichts ist schlimmer im Internet als das Warten während des Seitenaufbaus.

Mit www.comdirect.de gelangen Sie auf eine sehr interessante Seite im Internet. Hier können Sie sich die Charts selbst zusammenstellen. Geben Sie auch hier die Wertpapierkennnummer bzw. den Namen des Wertes ein, dann erscheint zunächst der Kurs. Klicken Sie die Chart-Schaltfläche an, wird der Chart erstellt.

Diese Chartseite unterscheidet sich auf den ersten Blick nicht sehr deutlich von den vorangegangenen. Dargestellt ist der Chart mit dem 38-Tage-Durchschnitt, das Volumen wird so angezeigt wie beim Consors-Chart und die Daten neben dem Chart erläutern die Grafik wie beim Onvista-Chart. Doch der entscheidende Unterschied liegt unterhalb des Charts: Mit dem Chart-Modul kann der Internet-User alle Möglichkeiten der Chartanalyse ausnutzen.

Und so sieht das dazugehörige Chart-Modul aus, an dem Sie die Einstellungen nach Belieben ändern können (s. S. 149 oben).

Sie können unter „Allgemeine Einstellungen" die Charttypen verändern in Linien-, Balken- oder Candlestick-Chart. Verschiedene Durchschnitte können ohne Probleme eingezeichnet werden; Linienstärke und Zeiträume sind ebenfalls individuell einzustellen. Unter „Erweiterte Einstellungen" wird Ihnen die Möglichkeit eröffnet, einen Benchmark als

Vergleichschart darzustellen. Durch die Wahl der Indikatoren ist es möglich, z. B. die Relative Stärke oder das Momentum zeichnen zu lassen.

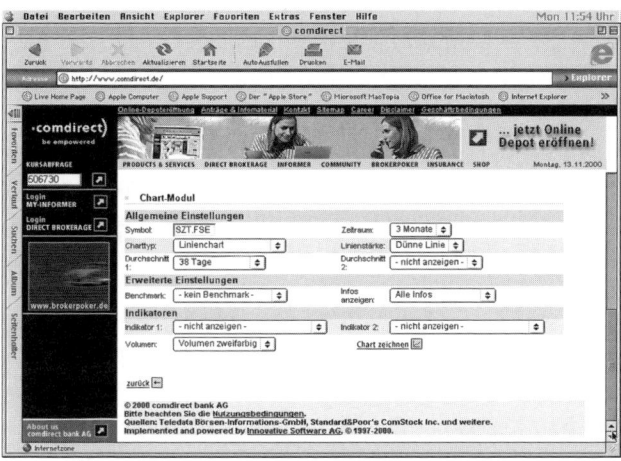

Benutzen Sie die Informationen der Charts nur, um die vergangene Entwicklung des Kurses zu beobachten, so reicht Ihnen sicherlich ein einfacher Chart ohne Indikatoren. Wenn Sie jedoch Wert auf die Chartanalyse legen und sich eingehend damit beschäftigen möchten, dann kann ich Ihnen neben den Direktbrokern noch weitere Internetadressen empfehlen, die Sie sich anschauen sollten:

www.boerse.de	Informationsdienste mit Chartanalyse
www.handelsblatt.com	Tageszeitung mit Chartanalyse aktuellen Nachrichten
www.wallstreet-online.de	Internetportal rund um die Börse
www.sskm.de	Werte, die nur an Regionalbörsen gehandelt werden
www.onvista.de	Informationsdienst im Internet rund um Wertpapiere

Ausschließlich für amerikanische Werte sind interessant:

www.siliconinvestor.com	Um individuelle Charts darstellen zu können, müssen Sie sich registrieren lassen.
www.bigcharts.com	ausschließlich amerikanische Werte

Informationsflut im Netz

Das Internet ist eine ausgezeichnete Informationsquelle. Unabhängig vom Ort und Zeit kann der Interessent auf sehr große Datenbänke zugreifen. Doch es stellt sich die Frage, welchen Nutzen die vielen Informationen bringen, denn eine Information, die Sie nicht weiterbringt, ist für Sie nutzlos. Sie selbst müssen aus der Vielzahl von Informationen, Analysen und Tipps die richtigen herausfiltern. Schließlich sind auch Sie derjenige, der von dieser – hoffentlich erfolgreichen – Arbeit profitieren will.

Es gibt eine sehr große Zahl von Theorien zu den besten Strategien. Die Anhänger der einen Theorie schwören auf ihre, die Anhänger einer anderen Theorie sind vollkommen sicher, dass ihre Strategie immer zum Erfolg geführt hat. Verlassen Sie sich auf keine dieser „sicheren Theorien", denn „die Börse hat immer Recht". Egal wer, was, wann und zu welchem Anlass einmal sagte, er wurde oft genug enttäuscht. Noch vor kurzem gab es nicht so viele Mitmenschen, die sich mit der Börse befasst haben. Heutzutage überblickt man nicht mehr, ob wer schon einmal an der Börse spekuliert hat. Es gibt zu viele selbst ernannte „Experten". Die Mehrzahl dieser „Experten" versucht mithilfe des Internets, bekannt, berühmt und erfolgreich zu werden.

Deshalb sollten Sie besonders im Internet auf der Hut sein, wenn es um „todsichere" Tipps geht. Das gilt im Übrigen auch immer häufiger für die auf fast allen TV-Kanälen angebotenen Hotlines. Seien Sie auch hier vorsichtig: Erstens ist eine Hotline auf Dauer ein teurer Spaß und zweitens wissen Sie nie genau, wer bereits vor Ihnen zu weitaus günstigeren Kursen eingestiegen ist.

Sie selbst können und müssen entscheiden, welche Informationen sie für sich gebrauchen können und welche nicht. So gut und interessant dies scheint, es kann auch zum Problem werden.

Dazu ein Beispiel: Ein Vorgesetzter beauftragt einen Sachbearbeiter, ihm jeden Tag eine detaillierte Liste mit wichtigen Unternehmensdaten vorzulegen, denn er hat es satt, neue Informationen ständig immer nur am Rande zu erfahren. Der Mitarbeiter macht sich auf den Weg, druckt fortan jeden Abend einen kompletten Bericht des Tages aus und legt ihn seinem Chef auf den Schreibtisch: Listen mit Umsätzen, Lieferanten- und Kundenkonditionen und Lagerveränderungen. Nach einigen Tagen wird der Sachbearbeiter von seinem Vorgesetzten auf diese Listen angesprochen. Er hat sich anders entschieden und braucht diese Listen nicht mehr. Was war geschehen? Auf den Vorgesetzten kamen plötzlich so viele Informationen zu, dass er nicht mehr wusste, wo er anfangen und wo er aufhören sollte zu lesen.

So mag es auch jemandem gehen, der die Informationsflut aus dem Internet nicht filtern und anschließend entscheiden kann, was wichtig und was unwichtig ist.

Jeder Anleger findet auf den Seiten der Direktbanken unzählige Kursverläufe, Unternehmensmeldungen und Analysen. Analysen sollten Sie nicht blind vertrauen. Nicht selten haben Analysten, Investmentberater und Banken entgegengesetzte Meinungen zu den gleichen Werten.

EXPERTENTIPP

Bevor Sie Ihr Geld in irgendwelche Aktien stecken, die Ihnen unbekannte Analysten empfehlen, sollten Sie sich selbst erst einmal informieren.

Bei einer Filialbank hilft Ihnen der Berater. Er unterscheidet zwischen wichtigen und unwichtigen, bedeutsamen und unbedeutsamen Informationen und gibt sie an Sie weiter. Sie können sich in der Zwischenzeit beruhigt zurücklehnen und die Zeit mit etwas anderem verbringen. Übernehmen Sie dagegen die Arbeit Ihres Beraters, so wird diese Beschäftigung Ihre Zeit in Anspruch nehmen. Sie werden ab und an einmal eine falsche Entscheidung aufgrund falscher Informationen fällen. Doch nach einer gewissen Zeit werden Sie lernen, das Wichtige in der Nachrichtenflut schnell zu entdecken.

In unserem Beispiel hat der Vorgesetzte alle Informationen, die entscheidend sein könnten, erhalten. Es waren zu viele. Da das Lesen für ihn zu viel Zeit in Anspruch nimmt, muss er sich auf die bereits bewerteten Informationen seiner Mitarbeiter verlassen.

Versuchen Sie ganz für sich allein, aus der Vielzahl von Informationsanbietern denjenigen oder diejenigen herauszufinden, bei denen die Nachrichten Ihnen am verständlichsten erscheinen. Die comdirekt Bank z. B. fasst aktuelle ad-hoc-Meldungen in kurzen Texten zusammen. Möchten Sie die komplette Meldung lesen, dann steht sie Ihnen ebenfalls zur Verfügung. Sie müssen Sie nur anklicken.

Auf den folgenden Internetseiten werden Sie interessante Informationen für Ihr Aktienengagement finden:

www.stockworld.de	Portal mit Gerüchten, Tipps, Analysen
www.börsenman.de	Infos rund um die Börse
www.wallstreet-online.de	Infos rund um die Börse
www.aktiencheck.de	einzelne Aktien auf dem Prüfstand
www.Hauptversammlung.de	HV-Termine, Charts, Kurse
www.boerse.de	umfangreiche Infos rund um die Börse
www.boersenforum.de	Infos zu Aktien und Märkten
www.dbresearch.de	Wirtschaftsnachrichten von der Deutschen Bank
www.hoovers.com	alles rund um die Börse (in englischer Sprache)
www.broker-online.de	Infos mit Kennzahlen und Analysen
www.fnet.de	Top- und Flop-Listen sowie knappe Infos

Neuemissionen im Netz

Wie bei den Filialbanken können Sie auch über die Internetbanken Neuemissionen zeichnen. Dies geht ebenso vonstatten wie bei Ihrer bisherigen Bank. Allerdings bietet z. B. die Direkt Anlage Bank einen besonderen Service: Der Kunde hat die Möglichkeit, auch dann an Neuemissionen teilzunehmen, wenn die DAB nicht zum Konsortium gehört.

EXPERTENTIPP

Setzen Sie kein Limit bei Zeichnen von Aktien. Da die Preise der Aktien erst zum Ende der Zeichnungsfrist festgelegt werden, könnte es sonst passieren, dass Sie aufgrund eines abgegebenen Limits nicht zum Zuge kommen.

Wichtige Internetadressen:

www.neuer-markt.de   alle wichtigen Daten rund um den
                                Neuen Markt
www.ipo-reporter.de   Berichte über Neuemissionen
www.ariva.de   rund um Neuemissionen und Börse
www.going-public.de   Infos zu Neuemissionen

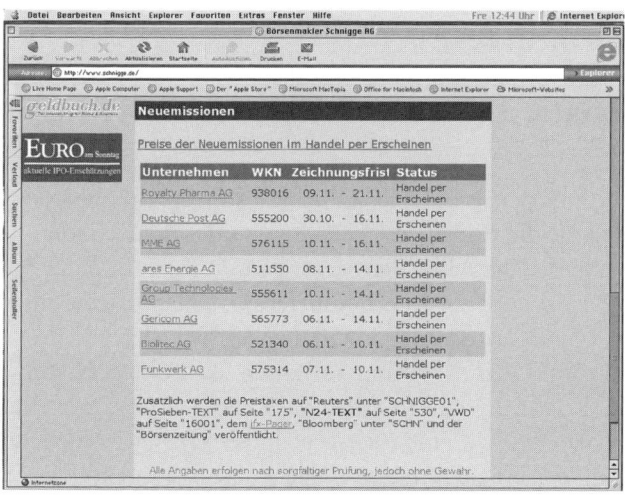

Darüber hinaus können Sie unter www.schnigge.de Aktien der Neuemissionen im vorbörslichen Handel schon vor dem eigentlichen Börsengang erhalten. Diese werden dort von Altaktionären der Unternehmer oder von ausländischen Banken angeboten. Den Banken wird in vielen Fällen eine gewisse Stückzahl von den neu emitierten Aktien fest zugesagt, die sie dann im vorbörslichen Handel zum Verkauf anbieten. Unter dieser Adresse können Sie sich auch die Graumarktpreise ansehen. Das sind Preise, die bereits vorbörslich ermittelt wurden. Möchten Sie sich an diesem vorbörslichen Handel beteiligen, dann sollten Sie hier, im Gegenteil zum Zeichnen, ein Limit setzen. Dies ist notwendig, da der vorbörsliche Handel nicht der Börsenaufsicht unterliegt und es zu großen Preissprüngen kommen kann. Bitte bedenken Sie, dass solche Seiten wie die der Schnigge AG etwas für risikofreudige Anleger sind. Der Graumarktkurs kann von der anschließenden Erstnotiz so abweichen, dass statt eines satten Gewinns ein hoher Verlust herauskommt. Möchten Sie sich trotzdem am Zeichnen beteiligen, so sollten Sie dies nach dem herkömmlichen Verfahren tun. Graumarktpreise dienen auch als eine Orientierungshilfe. Sie haben im Vorfeld der Emission die Möglichkeit, sich über die Preise zu informieren. Auch auf der Internetseite von Onvista können Sie sich die Graumarktpreise der Neuemissionen anschauen.

Chats, Foren und Aktienbewertungen

Auf den Internetseiten unterschiedlicher Informationsanbieter und Banken werden Sie die Rubriken Chats, Foren oder Board finden. Im Englischen bedeutet „Chat" Plaudern und „board" Tafel. In den Chaträumen können Sie mit anderen Internetnutzern in einer ausgewählten Runde plaudern. Die Bezeichnung „Plaudern" ist hier angebracht, da es sich meist nicht um einen Meinungsaustausch auf hohem Niveau, sondern um einen Erfahrungsaustausch privater Anleger handelt. Beim Chat schreiben Sie etwas zu einem ausgewählten Thema, verschicken es wie eine E-Mail und erhalten in derr Regel einige Sekunden später eine Antwort.

Diese Seiten sind als Informationsquellen mit großer Vorsicht zu genießen, denn hier diskutieren keine Experten über irgendwelche Aktien. Es sind Aktionäre wie Sie und ich, die mal mehr oder mal weniger Ahnung vom Aktiengeschäft haben.

www.rufo.de
www.newstrader.de
www.traderboard.de
www.juchhu.de
www.bizcity.de
www.consors.de/brokerworld/bkb/index.html

Verwechseln Sie diese Chatmöglichkeiten nicht mit den hin und wieder stattfindenden Expertenchats. Vorstände, Analysten und andere Verantwortliche des Wirtschaftsgeschehens werden zu Gesprächen geladen, um den interaktiven Aktionären eine Möglichkeit zu bieten, sich einmal mit diesen Personen per Internet zu unterhalten. Solche Chats werden u. a. auch von führenden Wirtschaftsmagazinen veranstaltet. Aber auch die bereits erwähnten Informationsdienstleister laden hin und wieder zu solchen Chats ein. Wenn Sie in regelmäßigen Abständen bei diesen Anbietern vorbeischauen, werden Sie auf solche Angebote stoßen.

www.capital.de
www.börse-online.de
www.stockworld.de
www.stockcity.de
www.n-tv.de

Auf vielen Internetseiten werden Sie von Analysen, Beurteilungen und Tipps schon fast erschlagen. Die entscheidende Frage ist, welche dieser Tipps und Empfehlungen wirklich interessant sind? Es gibt eine große Zahl von Analysten, die bei der Beurteilung der Wertpapiere unterschiedliche Kriterien in ihre Analysen einfließen lassen. Deshalb kommt es nicht selten vor, dass die Beurteilungen zweier Analysten unterschiedlich ausfällt. Die Bewertungen werden von den Banken nach Gruppen geordnet. Die Empfehlungen lauten meistens: Outperformer, Marketperformer oder Underperformer.

Underperformer: Ein Wertpapier mit dieser Bewertung entwickelt sich schlechter als ein vergleichbarer Aktienindex oder der Rest des Marktes. Diese Beurteilung wird als eine Verkaufsempfehlung angesehen.

Marketperformer: Die Beurteilung einer Aktiengesellschaft mit diesem Zusatz deutet auf ein Halten der Aktie hin. Der Kurs hat sich wie der Markt entwickelt.

Outperformer: Bei einer solchen Bewertung ist ein Kauf angeraten. Die Entwicklung dieser Aktie zeigt eine bessere Perspektive als die des gesamten Marktes.

Dieser Screenshot zeigt die Empfehlungsliste, wie sie täglich unter www.boerse.de erscheint.

Legen Sie sich eine eigene Tabelle an, anhand der Sie die empfohlenen Werte beobachten können. Ein Beispiel:

Datum	Name	Empf. Kauf-/ Verkaufskurs	Kursziel	Wer hat empfohlen?
30. 03. 99	Holzmann	75,– (K)	145,–	Commerzbank
14. 11. 99	Deutsche Bank	60,– (K)	120,–	Dresdner Bank
02. 05. 00	Adidas	55,– (V)	40,–	Merryl Lynch
06. 07. 00	Telecom	59,– (K)	105,–	Dresdner Bank

So könnte Ihre Empfehlungstabelle aussehen. Die Tabelle beinhaltet keine realen, sondern erfundene Empfehlungen, Kurse und Ziele. Sie können nach einiger Zeit vergleichen, welche Bank oder welches Geldinstitut eine Empfehlung ausgesprochen hat. Verfolgen Sie über einen längeren Zeitraum diese Empfehlungen, so werden Sie feststellen können, wer der zahlreichen Instituten richtig lag. Mit dieser Liste können Sie auch die Glaubhaftigkeit von Empfehlungen im Allgemeinen untersuchen. Sie werden mit Sicherheit feststellen, dass nicht jede Empfehlung auch empfehlenswert ist.

Andere Dienstleister haben oft verschiedene Begriffe für die Empfehlungen. Bei Onvista lauten sie SELL, UNDERPERFORMER, HOLD, BUY und STRONG BUY. Auf der Internetseite von Onvista.de müssen Sie nach der Eingabe des Aktiennamens auf „Empfehlungen" klicken. Folgende Seite wird sich aufbauen:

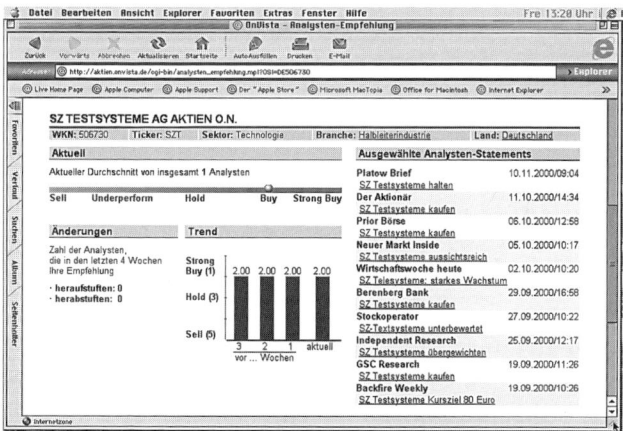

Am rechten Bildrand sind die einzelnen Empfehlungen gelistet. Klicken Sie die unterstrichenen Text an, dann erscheint die komplette Empfehlung auf dem Bildschirm. Ein blauer Punkt zeigt einen Durchschnitt der Empfehlungen und deren Gesamttendenz an. Es handelt sich nicht um Empfehlungen von Onvista direkt; das Finanzportal trägt die Empfehlungen nur zusammen. Mit diesem Punkt können Sie abschätzen, ob die Aktie im Allgemeinen als ein Kauf (BUY) oder als ein Verkauf (SELL)

bewertet wird. Bei den Analysen können Sie auf den Rat der Experten hören, jedoch sollten Sie niemals die Skepsis verlieren.

Vor einiger Zeit hatten Internetnutzer, die keine Brokerkunden waren auch keine Möglichkeiten, um Realtimekurse, Charts oder Unternehmensnachrichten in vollem Umfang einzusehen. Heute ist es möglich selbst Musterdepots als Nicht-Kunde zu führen.

Haben Sie ein solches Musterdepot, werden Sie per E-Mail oder per SMS benachrichtigt, wenn „Ihre" Aktien im Musterdepot, das von Ihnen eingegebene Limit erreichen – alles kostenlos und ohne irgendeine Verpflichtung einzugehen.

Neben den Informationsdienstleistern im Internet gibt es noch die klassischen Medien: die Zeitschriften. Alle käuflichen Print-Zeitschriften sind auch im Internet vertreten. Im eigentlichen Sinne brauchen Sie keine Zeitschrift mehr zu kaufen. Alle Nachrichten, die Sie am Kiosk bezahlen müssen, werden im Internet kostenlos angeboten.

www.handelsblatt.de	Handelsblatt
www.welt.de	Die Welt
www.zeit.de	Die Zeit
www.faz.de	Frankfurter Allgemeine Zeitung
www.ftd.de	Financial Times Deutschland

Gegenüber den Printmedien haben Sie im Internet den Vorteil, dass während des Tages immer wieder neue Nachrichten hinzukommen.

Die Firma IBM entwickelt zurzeit eine „Zeitung", auf die ständig neue Nachrichten eingeblendet werden können. Sollte es irgendwann einmal dazu kommen, werden Sie morgens aufstehen, Ihre „Zeitung" öffnen und aktuell informiert sein. Die Zeitung der Zukunft ist nicht mehr aus Papier, sondern ein Bildschirm, der per Satellit die Nachrichten empfängt. Aber das liegt noch in weiter Ferne und ist derzeit noch im Projektstadium.

Dagegen ist die Möglichkeit, dass Sie Ihre Zeitung, ohne sie kaufen zu müssen, an jedem Ort der Erde lesen können, fast schon Alltag. Dies ist mit der neuen Generation der WAP-Handys möglich. Mit dieser Technik ist es möglich, unterwegs im Internet zu surfen. Es gibt zurzeit nur eingeschränkte Funktionalitäten; diese werden jedoch immer weiter ausgebaut. Direktbanken wie Consors bieten ihren Kunden schon Börsenkurse zum Abruf an. Ein weitaus erweitertes Angebot bietet die Direkt Anlage Bank dem Handy-Besitzer. Der Börsianer kann über WAP-Handy Aktien kaufen, verkaufen, sein Musterdepot checken und Marktberichte abrufen. Unter der WAP-Seite wap.exchange.de können Sie mit einer 15-minütigen Verspätung die Kurse von mehr als 11 000 Optionsscheinen und mehr als 3 500 Aktien abfragen. Sie erfahren, wie sich die Aktie im Tagesverlauf entwickelt hat und wie groß der prozentuelle Unterschied zum Vortag ist. Darüber hinaus ist es auch möglich, Charts für die letzten drei, sechs oder zwölf Monate abzurufen und die Gewinner- und Verliererlisten zu studieren. Die Suche nach Informationen wird durch eine komfortable Suchfunktion unterstützt.

Leider ist die WAP-Technologie sehr aufwendig, langsam und teuer. Aber dem wird Abhilfe geleistet. Wie in anderen europäischen Ländern wurden auch in Deutschland im Juli 2000 die UMTS-Lizenzen versteigert. Mit dieser neuartigen Technologie arbeitet die dritte Handy-Generation. Mit diesen Handys wird es neben dem Surfen im Internet auch möglich sein, Videofilme anzusehen oder Telefonbildkonferenzen abzuhalten.

Sind Sie im Besitz eines solchen UMTS-fähigen Handys, so werden Sie von überall auf der Erde Ihre Informationen, Aktienkurse und was auch immer Sie wollen abrufen können. Das Handy der Zukunft funktioniert mit Sprachsteuerung. Wollen Sie im Internet surfen, dann können Sie mit einer externen Tastatur Ihre Daten und Adressen eingeben. Das alles geschieht dann mit der 80fach höheren Geschwindigkeit als ISDN und sogar mit der 200fachen Geschwindigkeit der heute üblichen Handynetze.

Checkliste: Online-Banking und „Kleingedrucktes"

So viele Vorteile Online-Banking und das so genannte Discount-Brokerage auch bringen: Nur wenige Börsianer lesen vor dem Handel über eine Direktbank oder einen Discountbroker die Vertratsunterlagen genau durch. Das jedoch sollten Sie in jedem Fall tun, um später böse Überraschungen auszuschließen.

Im Folgenden finden Sie fünf wichtige Punkte, die Sie im Umgang mit Online-Banking und Discount-Brokerage unbedingt beachten sollten. Die Rechtsprechung in Sache Anlageberatung ändert sich jedoch ständig. Es kann also sein, dass einzelne, hier besprochene Punkte demnächst bereits gesetzlich neu geregelt werden.

Checkpunkt 1: Haftungsregelungen beachten
In vielen Verträgen der Banken und Discountbroker finden sich Regelungen zur so genannten „verschuldungsunabhängigen Haftung". Damit ist Folgendes gemeint: Wenn durch einen dummen Zufall ein nicht berechtigter Nutzer beispielsweise Ihre PIN oder Ihr Passwort verwendet, damit Aktien kauft und die Aktien sinken anschließend in den Keller, dann wird Ihnen der Schaden zugerechnet. Nur wer hier hundertprozentig beweisen kann, dass er sich korrekt und sorgfältig verhalten hat, kann auf Schadensersatz hoffen.

Checkpunkt 2: Allgemeine Geschäftsbedingungen
Bei Direktbanken und Discountbrokern müssen Sie als künftiger Kunde in der Regel so genannte Sonderbedingungen der Allgemeinen Geschäftsbedingungen (AGB) unterzeichnen. Hier gilt: Ohne „Geldverantwortung" stehen Sie schnell auf der Verliererseite. Unterschreiben Sie niemals Vertragsbedingungen und auch keinesfalls diese Sonderbedingungen, ohne sie im Detail verstanden zu haben. Nutzen Sie die Gelegenheit und testen Sie, wie gut die Berater in den Hotlines der jeweiligen Bank oder des jeweiligen Brokers sind. Fra-

gen Sie solange nach, bis Sie genau wissen, worum es sich bei den einzelnen Passagen dreht. Achten Sie insbesondere darauf, welche Regelungen für Fehler getroffen werden, die Ihnen zugerechnet werden, und wann und in welchem Umfang die Bank für Fehler haftet.

Checkpunkt 3: Beweislastumkehr
Das ist ein besonders interessanter Punkt. Es geht darum, dass manche Banken von sich aus geregelt haben, den Schaden zu übernehmen, wenn nicht sicher und eindeutig geklärt werden kann, dass der Kunde einen Fehler gemacht hat. Wird diese Vereinbarung getroffen, zahlt die Bank, es sei denn, sie kann Ihnen als Kunden nachweisen, dass Sie Ihre Sorgfaltspflicht verletzt haben. Für Sie ist deshalb wichtig: Wählen Sie unbedingt eine Bank oder einen Discountbroker als Geschäftspartner, der diese Beweislastumkehr verbindlich und eindeutig zu Ihren Gunsten geregelt hat.

Checkpunkt 4: Niemals alles auf eine Karte setzen
Besonders in der Anfangszeit, also wenn Sie zum ersten Mal über eine Direktbank oder einen Discountbroker handeln, sollten Sie darauf achten, Ihre bisherige Bankverbindung aufrechtzuerhalten. Schon häufig ist es geschehen, dass wegen Überlastung einzelne Direktbank- und Discountbroker-Orders nicht ausgeführt werden konnten oder sogar die gesamte Beratung wegfiel. Hier ist die klassische Bankverbindung immer noch eine wichtige Alternative.

Checkpunkt 5: Wahl des Datenübertragungssystems
Übernehmen Sie zu Ihrer eigenen Sicherheit die Verantwortung und prüfen Sie, welches Datenübertragungssystem die für Sie infrage kommenden Direktbanken und Discountbroker bieten. Zwar gibt auch das sicherste System keine Gewähr, dass ein Hacker Zugriff nehmen oder und ein Virus eingeschleust werden kann. Doch Sie selbst sollten wissen, welcher Art von Datenübertragung Sie ihr Geld anvertrauen.

Kinder, Geld und Aktien

Leser meiner Bücher kennen bereits eines meiner Lieblingsthemen, wenn es um Geldwissen geht: Kinder und Geld, beziehungsweise die Vermittlung von Wirtschaftswissen an Schulen. Mehr „Lufthansa" statt mehr Latein also – wofür ich mich hier selbstverständlich sofort bei allen Lateinlehrern entschuldige. Dass ich in diesem Buch auf dieses Thema zu sprechen komme, hat einen einfachen Grund: Wenn Sie als fortgeschrittener Börsianer bereits die ersten eigenen Erfahrungen sammeln konnten, ist es jetzt Zeit, dass Sie Ihr Wissen an Ihre eigenen Kinder weitergeben oder auch dafür plädieren, dass Ihre Kinder in der Schule mehr über Wirtschaft und den richtigen, Gewinn bringenden Umgang mit Geld lernen. Tatsache ist: Kinder, Geld & Aktien passen heute hervorragend zusammen. Nur die Schulen und die Verantwortlichen in den Behörden und Ministerien haben hier offensichtlich noch Nachholbedarf.

Nehmen wir einmal Andreas, den fünfzehnjährigen Sohn meines ehemaligen Kommilitonen Stefan R. Nachdem sich Andreas zunehmend für die Börse und Aktien interessierte, vertraute ihm Stefan vor rund einem Jahr einen Betrag von 10 000 DM an. Mit dem O. K. seiner Eltern handelt Andreas seitdem begeistert mit Aktien, verfolgt jeden Tag die neuesten Nachrichten im Internet, erweitert, wo auch immer es geht sein Wissen. Es gibt eigentlich nur einen einzigen Nachteil: Andreas ist zwischenzeitlich einer der nervigsten Schüler im Sozialkunde- und Wirtschaftsunterricht oder wie auch immer das Fach genau heißt. In der Regel gibt es ja „Wirtschaftsunterricht" nur am Rande anderer Fächer wie Politik oder Sozialkunde oder es gehört manchmal zum Erdkundeunterricht. Nervig jedoch nur deswegen, weil er aus ständiger Neugier zu allen Wirtschaftsfragen teilweise „unmögliche" Fragen stellt und sein Lehrer offensichtlich hin und wieder völlig überfordert ist. Nicht selten klagt Andreas: „Unsere Lehrer haben doch gar keine Ahnung, was heute alles möglich ist."

Im Sommer 2000 sind die Amerikaner den Deutschen mal wieder einige Jahre voraus – was letztlich für uns Hoffnung auf Besserung bedeutet. Es gibt in den USA ein eigenes Fach „Wirtschaft". Das ist bei uns, ebenfalls Stand Sommer 2000, lediglich in Bayern und in einigen Städten in Ostdeutschland der Fall. In den USA gibt es zwischen den Schulen und einzelnen Unternehmen immer wieder zahlreiche Kooperationen. Das ist bei uns bis heute nahezu undenkbar. Schuld an dieser Wirtschaftsbildungsmisere sind keineswegs, wie das Beispiel von Andreas zeigt, die Kinder und Jugendlichen. Es sind vielmehr die Lehrer, denen es zum großen Teil selbst an umfassendem wirtschaftlichen Verständnis fehlt. Das wiederum ist noch nicht einmal Schuld der viel gescholtenen Lehrer, sondern eine Frage der Ausbildung. Und in dieser pädagogischen Ausbildung sucht man den Intensivunterricht „Wirtschaft" vergeblich. Wenn das bekannte „Nicht für die Schule, für das Leben lernen wir" Gültigkeit haben soll, dann gibt es für Kinder und Jugendliche nichts Besseres, als frühzeitig mit allen Bereichen der Wirtschaft, der Unternehmensführung und der Ökonomie vertraut zu werden.

Andreas, der Sohn meines ehemaligen Kommilitonen, ist für mich das beste Beispiel: Jetzt plant er, einen eigenen Investmentclub mit Freunden zu gründen (Kontakt www.sdk.org, www.dsw-info.de). Die notwendigen Unterlagen zur Gründung hat er sich im Internet zusammengesucht. „Kein Problem", wie er meint. Acht Freunde hat er schon begeistert, die Mitgliedsbedingungen sind geschrieben, die weitere Organisation läuft auf vollen Touren. Es ist letztlich vergleichbar mit einem Existenzgründerwettbewerb, wie ihn beispielsweise Sparkassen veranstalten. Auch hier zeigt sich: Kinder und Jugendliche profitieren enorm von praxisbezogenem Wirtschaftsunterricht und entwickeln eine oft unbekannte Kreativität und Aktivität.

Ein renommiertes Meinungsforschungsinstitut kam zu dem Ergebnis, dass rund 70 Prozent der Kinder und Jugendlichen zwischen 14 und 19 Jahren selbst gerne ein Unternehmen gründen würden, jedoch nicht genau wissen, wie das geht. Wenn Sie nun Ihre Kinder anschauen und lächelnd denken „Na, na, so leicht werden meine Kinder kein Unternehmen auf die Beine stellen" sollten Sie sich das Beispiel der Amerikanerin Melissa Sconyers vor Augen führen. Melissa hatte bereits als Zehnjährige nichts anderes im Sinn, als sich eines Tages selbstständig zu machen. Gesagt, getan. Mit fünfzehn begann Melissa, neben dem Unterricht an der High School, selbstständig als Web-Designerin zu arbeiten.

Und zum Schluss: Das Wirtschaftsinteresse der Kinder und Jugendlichen liegt auch darin begründet, dass von den 14- bis 19-Jährigen schon rund vier Prozent Aktien und Fondsanteile besitzen. Alles in allem ist es höchste Zeit, dass die Verantwortlichen in der Politik und den sonstigen Verwaltungsstellen reagieren. Wer kann es Kindern und Jugendlichen verdenken, dass diese immer weniger Spaß an der Schule haben, wenn die Lehrer für die notwendigen und das Leben wichtigen Bereiche – neben Ökonomie gehört auch das Fach EDV dazu – zu einem großen Teil heute bereits schlechter ausgebildet sind als ihre Schüler. Es wird höchste Zeit, dass sich Lehrer, die jungen Lehrer wie die berufserfahrenen, in den Themen EDV, Internet, Ökonomie und Börse weiterbilden. Gibt es hier auf absehbare Zeit keine Fortschritte, muss es künftig heißen: „Nicht für das Leben, für die Schule lernen wir". Eines jedoch sollte uns in diesem Fall klar sein: Motivierte und am Leben fasziniert teilhabende Kinder und Jugendliche dürfen wir dann kaum erwarten.

Im Folgenden finden Sie einige Web-Adressen zum Thema Unterricht, Wirtschaft und Börse, die möglicherweise für Ihre eigenen Kinder oder für die Kinder von Freunden, Bekannten und Verwandten ganz spannend sein können:

www.jwkoeln.de
Hier finden Sie zahlreiche Internetlinks zum Thema Unterricht und Wirtschaft.

---

www.familie-online.de/boerse.htm
Wenn Sie kinderleichte, einfache Erklärungen zu Börsenthemen suchen, dann ist diese Adresse genau die richtige.

---

www.schule-wirtschaft.de
Hier kommen Sie zu diversen regionalen Arbeitskreisen der Bundesarbeitsgemeinschaft Schule und Wirtschaft.

---

www.library.thinkquest.org/28188.htm
Hier kommt die Jungunternehmerin Melissa Scoynyers mit Tipps zum Zuge.

Schluss

Gebrauche dein Vermögen, aber missbrauche es nicht.
Cato

Es ist jedes Mal das Gleiche: Zu Beginn eines Buches meint man als Autor, es sei alles schon gesagt worden, und am Ende eines jeden Buches wünscht man sich mehr Platz, da einem noch zahlreiche weitere wichtige Einzelheiten einfallen. Ich habe dieses Buch immer und immer wieder überarbeitet, aus meiner Sicht unnötige Information gestrichen und mir plötzlich wichtig Erscheinendes zusätzlich aufgenommen. Ich habe mein Bestes gegeben, um Sie auf Ihrem Weg als fortgeschrittener Börsianer wieder einmal ein wenig zu begleiten. Wie auch sonst immer, so sage ich es auch jetzt wieder: Das Gewinnerprinzip lautet „Tu es jetzt!". Wenden Sie ab sofort Ihr neues Börsenwissen an. Leihen Sie dieses Buch Ihren Freunden, Verwandten und Bekannten. Diskutieren Sie gemeinsam. Doch vor allem wenden Sie es an.

Je mehr Sie daran arbeiten, Tag für Tag und Woche für Woche Ihre Börsenstrategien zu verbessern, Fehler zu vermeiden und zusätzliches Gewinnerwissen in der Praxis anzuwenden, desto schneller verdienen Sie Geld mit Aktien. Wie zu Beginn geschrieben: Ein solches Buch wie das vorliegende ist nicht dazu geeignet, einzelne Aktientipps zu geben. Die Aktien-„Tipps" wären längst keine mehr, wenn Sie das Buch vor sich liegen haben. Daher versuche ich stets, Ihnen zeitloses Wissen zu vermitteln, im vorliegenden Buches also zeitloses Wissen für Fortgeschrittene. Und an dieser Stelle möchte ich Ihnen gratulieren: Sie haben als Fortgeschrittener das Wichtigste getan, was Sie überhaupt tun konnten, denn sie haben begonnen, in Aktien zu investieren. Jetzt geht es darum, dass Sie in Zukunft Ihre eigenes Gewinnsystem aufbauen, Ihre eigenen Anlageregeln und Grundsätze, eine eigene Art von Originalität, von Ihnen ausprobiert und von Ihnen erlebt. Anlageregeln und Grundsätze, die Sie verstehen und die Sie bis auf wenige Ausnahmen stets beachten sollten. Anlageregeln und Grundsätze, bei denen Sie sicher sind, dass Sie wissen, was Sie tun.

Je klarer Ihre eigenen Anlageregeln und Grundsätze formuliert sind, desto eher werden Sie bei Ihren Investitionen eine Sicherheit bekommen, die Sie heute noch für unmöglich halten. Je klarer und überlegter Ihre eigene Vorgehensweise, desto schneller werden Sie in die Profiliga wechseln. Die Börsenkurse folgen klaren und nachvollziehbaren Gesetzmäßigkeiten. Und auch Gewinne, die ich Ihnen möglichst oft und möglichst hoch wünsche, und Verluste, die ich Ihnen nur ab und zu wünsche, damit Sie auf dem Boden bleiben, sind nicht das Ergebnis reinen Zufalls, sondern in nahezu allen mir bekannten Fällen das Ergebnis konsequent eingehaltener Strategien.

Letztlich gilt: Auf Dauer gibt es zur Geldanlage in Aktien keine Alternativen, wenn Sie wirklich ein Vermögen aufbauen wollen. Das haben Sie schon am Anfang dieses Buches in unserem kleinen Einschätzungstest selbst gesehen und als fortgeschrittener Börsianer bereits selbst erlebt. Dann nämlich, wenn Sie bei gut gelaufenen Aktiengeschäften erstmals in wenigen Wochen oder Monaten hohe Kursgewinne erzielt haben. Sie müssen sich als Geldgewinner ohnehin um Aktien kümmern, ob Sie wollen oder nicht. Und wenn Sie es tun, tun Sie es strategisch und auf der Grundlage ausreichenden Wissens.

Ich wünsche Ihnen nun viele auf Wissen basierende Anlageentscheidungen und jede Menge Gewinne mit Aktien. Sicher können Sie das ein oder andere Kapitel in Ihrer eigenen Praxis umsetzen. Ich freue mich, wenn Sie mir Ihre Erlebnisse, Ihre Hochs und Tiefs, Ihre größten Fehler und Ihre besten Strategien mit Ihren Investitionen in Aktien schildern. Gerne würde ich Ihre Darstellungen dann in künftigen Büchern verwenden. Meine E-Mail-Adresse lautet: www.BerndWKloeckner.de. Oder Sie schreiben an die Redaktion von www.Yomo.de.

Mit bestem Gruß und bis bald,
Ihr

Dankeschön

An diesem Buch haben einige Personen mitgearbeitet. Karin Gerharz als meine beste Mitarbeiterin, die in den Jahren unserer Zusammenarbeit eher zur besten Partnerin geworden ist. Stefan Horn, der mich als Freund, Partner und ebenfalls mehrfach erfolgreicher Buchautor in allen technischen Belangen unterstützte und der als Finanzjournalist die Endfassung noch einmal konstruktiv kritisch überarbeitete. Mein Dank gilt auch Bianca Sommerfeld, meiner Lebensgefährtin, der dieses Buch gewidmet ist. Sie war es, die mich auch dann, wenn es durch das Schreiben sehr spät wurde und so manches Wochenende wegfiel, immer wieder aufmunterte und mich durch ihre unnachahmliche Momurenart zu neuen Höchstleistungen antrieb. Danke, Bibi! Es ist wirklich schön mit dir.

Ebenfalls bedanke ich mich bei Herbert Kauth und Udo Gerhards. Herbert Kauth ist mittlerweile sozusagen mein fachlicher „Cheflektor". Ohne sein fachliches O.K., wie auch bereits bei meinem Bestseller „Systematisch reich mit Aktienfonds", wird kein Manuskript abgegeben. Udo Gerhards ist Bankkaufmann und erfolgreicher Wertpapierberater einer deutschen Großbank. Auch sein Urteil und sein Lektorat waren mir besonders wichtig. Er trug mit viel Mühe dazu bei, dass dieses Buch fachlich einwandfrei ist und nichts übersehen wurde.

Besonderer Dank gebührt Janusch Fischer. Als Student der Betriebswirtschaftslehre verdiente er sich mit diesem Buch seine ersten journalistischen Erfolge. Er wirkte maßgeblich beim Special „Börse online" mit. Von ihm stammt die Konzeption dieses Kapitels und er leistete wertvolle redaktionelle Unterstützung und achtete darauf, dass dieses Kapitel aus der Praxis für die Praxis geschrieben wurde. Kompliment an dich, Janusch. Das war eine prima Leistung!

Wie immer gilt mein Dank auch dem dieses Buch betreuenden Verlag, hier insbesondere den zuverlässigen Mitarbeitern Frau Sabine Weeke und Herrn Dr. Brand. Beide begleiten meine Buchprojekte beim FALKEN

Verlag mit großem Engagement und stets mit der notwendigen Unterstützung zur richtigen Zeit.

Last but not least geht einmal mehr ein Dankeschön nach München an die Montasser Medienagentur. Thomas Montasser, mein langjähriger Agent, erhält in kreativen Phasen stets E-Mail-weise neue Projektvorschläge von mir. Seit Jahren, genauer gesagt seit 1994, steuert er alle diese Ideen in die richtigen Kanäle und sorgt als Medienagent mit einer erstklassigen Arbeit dafür, dass ich wirklich nichts weiter tun muss als das, was ich leidenschaftlich gerne tue: Schreiben!

Ebenfalls ein ganz besonderes Dankeschön geht an die vielen zehntausend Leser meines Bestsellers „Gewinnen mit Aktien". Dieses Buch für fortgeschrittene Börsianer ist die Folge dessen, dass Sie den Einsteigerband so zahlreich gekauft haben. Ohne Sie gäbe es meinen Erfolg nicht.

Schließlich gilt mein ausdrücklicher Dank wie immer all denjenigen, die ich vergessen habe zu erwähnen. Für das Vergessen entschuldige ich mich im Voraus. Es ist schwierig, alle Menschen bei einem solchen Projekt zu nennen, die eigentlich genannt werden müssten.

Bernd W. Klöckner

Anhang

Börsenlinks

Im Folgenden sind einige Börsenlinks aufgeführt, die ich, während ich im Sommer 2000 das Manuskript für die Erstauflage schreibe, für empfehlenswert halte. Bis zum Erscheinen dieses Buches kann sich bei einigen Internetseiten einiges geändert haben; vielleicht sind einzelne Seiten sogar wieder gelöscht. Hierfür bitte ich Sie um Verständnis.

Die richtige Bank
www.direktrat.de
Auf dieser Seite finden Sie Informationen zu Direktbanken und zum Aktienhandel im World Wide Web.

www.timecity.de
Wer Konditionen von Banken und Brokern vergleichen will, ist hier richtig.

Die besten Informationen
www.YOMO.de
Der Name steht als Abkürzung für „Your Money". Sie finden wichtige Links zu wichtigen Finanzseiten. Vor allem auch zu Finanzthemen außerhalb der Börse und wichtigen Finanznews.

www.yahoo.de
Unter den Seiten von yahoo.de gibt es Seiten zum Thema Finanzen.

www.boersen-links.de
Hier können Sie zwar nicht gezielt suchen, dennoch finden Sie sehr gute

Links zu anderen Börsenseiten. Von hier aus macht das weitere Surfen richtig Spaß.

www.finanzradar.de
Ebenfalls eine sehr gute Linkliste zu anderen Börsenseiten. Für alle, die zu bestimmten Finanzthemen Informationen suchen, gibt es eine prima Suchmaschine.

Die besten Partner für Ihr Aktiendepot
www.stockwatch.de
Optimal für all diejenigen, die sich sozusagen eine eigene Finanzzeitschrift erstellen wollen. Je nach Ihren Vorgaben werden nur die Finanznachrichten zugelassen, die Sie wirklich benötigen. Zudem können Sie über diese Internetseite Ihr Depot verwalten.

www.depotprofi.de
Auch hier können Sie Software für Ihre Depotverwaltung kostenlos herunterladen.

www.digital-investor.de
Hier erhalten Sie als Börsianer verschiedene Serviceangebote. So auf Wunsch – im Sommer 2000 – eine tägliche E-Mail-Nachricht. Software zur Verwaltung Ihres Depots gibt es kostenlos zum Herunterladen.

Die besten Börseninfos
www.boerse.de
Umfangreiche Information zu allen Börsenthemen. Es lohnt sich in jedem Fall einmal reinzuschauen.

www.wallstreet-online.de
Umfangreiche Informationen für jeden Geschmack

www.neuer-markt.de
Es geht hier um Informationen zum Neuen Markt, denn es ist die Homepage der Deutschen Börse zu diesem Wachstumsmarkt.

www.nyse.com
Umfangreiche Informationen zur New Yorker Börse in englischer Sprache

www.nasdaq.com
Hier geht es um Informationen zur New Yorker Technologiebörse

www.1a-boerseninfo.de
Wer als Einsteiger Informationen sucht sowie einzelne Börsenbegriffe verstehen will, findet hier jede Menge Information, zudem Tipps und Strategien.

Die besten Analysen
www.aktiencheck.de
Hier finden Sie umfangreiche Informationen zu allen Aktienwerten und börsentäglich aktuelle News.

www.fnet.de
Jede Menge Börseninfos für jeden Typ von Börsianer

www.boersenreport.de
Diese Seite bringt Sie dann weiter, wenn Sie zu einzelnen Börsenmärkten in Deutschland, Asien oder Amerika umfangreiche Marktberichte suchen.

www.finanztreff.de
Sie suchen Nachrichten und Analysen? Dann sind Sie bei der übersichtlich geordneten Homepage von finanztreff.de genau richtig.

Die besten Infos zu Neuemissionen
Wie in diesem Buch beschrieben, ist eine der Gewinnerregeln für Erfolge mit Neuemissionen die Suche umfangreiche Information im Vorfeld. Sich die richtigen Informationen zu besorgen, ist dabei gar nicht so schwer. Surfen Sie durch die im Folgenden genannten Internetseiten und Sie wissen, was „Sache" ist.

www.schnigge.de
Hier erhalten Sie z.B. Echtzeitkurse und erfahren alles über
Graumarktpreise.

www. ipo-informer.de
Hier finden Sie eine gut geordnete Unternehmensdatenbank, erfahren
alles über aktuelle Neuemissionen und erhalten auf Wunsch Analysen zu
einzelnen Werten.

www.webstock.de
Hier kommen Einsteiger und Profis auf ihre Kosten. Die Tipps sind für
jeden immer wieder nützlich.

www.more-ipo.de
Informationen zu allen aktuellen Neuemissionen

Die besten Fondsinformationen

Auch wenn dieses Buch für fortgeschrittene Börsianer gedacht ist, werden Sie mit großer Sicherheit hin und wieder Interesse an
Fondsinformationen haben. Zum Beispiel auch dann, wenn Sie selbst
noch nicht in Einzelwerte des Neuen Marktes, sondern zunächst über
Fonds investieren wollen. Daher im Folgenden einige Internetseiten,
über die Sie innerhalb kurzer Zeit zum gut informierten Fondsprofi
werden.

www.bvi.de
„bvi" steht für „Bundesverband Deutscher Investmentgesellschaften".
Es handelt sich um den Verband aller in Deutschland zugelassenen
Fondsgesellschaften. Unabhängigkeit dürfen Sie im strengen Sinne
nicht erwarten, schließlich ist der bvi die Interessenvertretung der
Fondsgesellschaften. Dennoch bietet der bvi ein einzigartiges Angebot
und umfangreiche Informationen, auf die Sie in keinem Fall verzichten
sollten.

www.fonds-zentrum.de
Hier erhalten Sie unabhängige Beratung zu allen gängigen Fonds.

www.micropal.de
Erstklassige Vergleichslisten mit unterschiedlichen Jahresvergleichen und Angabe des jeweiligen Rangs eines ausgewählten Fonds in unterschiedlichen Zeiträumen.

www.fondscheck.de
Sehr übersichtlich gestaltet bietet Ihnen diese Homepage den Überblick über nahezu alle Fonds. Ebenfalls positiv: das umfangreiche Lexikon.

Register

Erfolgreich im Management
Von M. Peel – 224 S., kartoniert
ISBN: 3-8068-**7329**-1
Preis: DM 39,90

Erfolg im Management setzt ein ganzes Bündel von Kenntnissen und Fähigkeiten voraus: Planung, Organisation, Durchführung, Kontrolle. Wer sich im Management beweisen will, sollte daher zu dieser praxisbezogenen Einführung greifen.

Basiswissen für Führungskräfte
Von G. P. Rabey – 200 S., kartoniert
ISBN: 3-8068-**7330**-5
Preis: DM 39,90

Wer einen Karrieresprung geschafft hat, sieht sich vor eine Fülle neuer Aufgaben gestellt: Teamführung, effektive Arbeitsorganisation, Steigerung von Qualität und Produktivität. Wie Sie dabei den Überblick behalten und alle Klippen umschiffen, zeigt Ihnen ein Management-Profi.

Das souveräne Verhandlungsgespräch
Von J. Hodgson – 208 S., kartoniert
ISBN: 3-8068-**7362**-3
Preis: DM 39,90

Wie geht man erfolgreich mit schwierigen Kunden um? Wie setzt man sich in Meetings durch? Wie führt man „unerfreuliche" Gespräche mit Mitarbeitern? Dieser Business-Ratgeber verrät die besten Gesprächstaktiken für Ihren beruflichen Alltag.

Perspektive Zeitarbeit
Von H. Buchter, S. Winter –
128 S., kartoniert
ISBN: 3-8086-**2091**-0
Preis: DM 19,90

Mehr als 200.000 Arbeitnehmer in Deutschland sind bei Zeitarbeitsunternehmen beschäftigt. Dieser Ratgeber zeigt, in welchen Branchen das Modell eine Rolle spielt und wie man die richtige Firma findet. Berufsanfänger und Wiedereinsteiger erfahren, wie sie Zeitarbeit als Karrieresprungbrett nutzen können.

Praxis-Handbuch Existenzgründung
Von W. Lippert – 304 S., kartoniert
ISBN: 3-8068-**7384**-4
Preis: DM 39,90

Dieser umfassende Ratgeber zeigt Ihnen, wie Sie ihr eigener Chef werden. Er bietet umfassenden Rat und praxisnahe Anleitungen und hilft, das Risiko zu kalkulieren, sinnvoll zu planen und die richtigen Entscheidungen zu treffen.

Körpersprache und Berufserfolg
Von Dr. C. Topf – 160 S., kartoniert
ISBN: 3-8068-**2069**-4
Preis: DM 29,90

Ein „guter Auftritt" ist entscheidend. Der Gesprächspartner muss als Person überzeugen, dann glaubt man ihm auch seine Rede. Dieses Buch erläutert die „Vokabeln" der Körpersprache und zeigt, wie man selbstbewusst und souverän auftritt.

Stand der Preise: 1.6.2000. Änderungen vorbehalten

FALKEN

Schwierige Briefe – Reklamation, Beschwerde, Widerspruch
Von A. Bornstedt – 112 S., kartoniert
ISBN: 3-8068-2298-0
Preis: DM 19,90

Dieser Ratgeber zeigt, wie man angemessen und wirksam reklamiert, Widerspruch einlegt und sich beschwert. Er beinhaltet zahlreiche Musterbriefe für schwierige Situationen, z.b.: Streit mit dem Vermieter oder Stress mit Behörden.

Der erfolgreiche Geschäftsbrief
Von G. Reinert-Schneider –
256 S., kartoniert
ISBN: 3-8068-2074-0
Preis: DM 29,90

Schriftliche Kommunikation hat großen Einfluss auf die Beziehung zu Kunden und Lieferanten, Kollegen und Mitarbeitern. Je empfängerorientierter ein Schreiben ist, desto größer sind die Chancen, dass der Verfasser erreicht, was er möchte.

Briefe und Reden für den Trauerfall
Von U. Wetter – 112 S., kartoniert
ISBN: 3-8068-1789-8
Preis: DM 16,90

Manche Kondolenz bleibt ungeschrieben, manche Grabrede ungehalten, denn es fällt schwer, auf individuelles Unglück und persönliche Trauer mit den richtigen Worten zu reagieren. Allen, die für Beileidsbekundung Anregungen suchen, ist dieser Band eine verlässliche Orientierung.

Die spontane Rede
Von C. Zacker, G. Grantél –
120 S., kartoniert
ISBN: 3-635-60599-9
Preis: DM 14,90

„Sag doch mal eine paar nette Worte...“ Diese Aufforderung verschlägt so manchem schon bei Privatfeiern die Sprache, im Berufsleben wird die Redehemmung zum Problem. Der Ratgeber hilft aus der Klemme, indem er zeigt, wie man ohne Scheu vor Publikum spricht.

Moderne Rhetorik
Von D. Felbinger – 104 S., kartoniert
ISBN: 3-8068-1897-5
Preis: DM 19,90

Ein rhetorisch gewandter, wirkungsvoller Auftritt ist die Summe aus sicherem Sprachempfinden, bewusst eingesetzter Körpersprache und persönlicher Ausstrahlung. Dieser Grundlagenband macht den Leser mit den Bereichen und Instrumenten der Rhetorik vertraut.

Das letzte Wort behalten
Von R. Allen – 144 S., kartoniert
ISBN: 3-635-60456-9
Preis: DM 16,90

Obwohl kaum einer gerne streitet, sind die meisten von uns häufig in verschiedenste Streitigkeiten verwickelt. Allen denjenigen, die dabei häufiger als „Verlierer“ vom Feld gehen, soll dieses Buch helfen.

Stand der Preise: 1.6.2000. Änderungen vorbehalten

Einladungen originell gestalten
Von R. Zey, A. Bellingen –
144 S., kartoniert
ISBN: 3-8068-2590-4
Preis: DM 24,90

Gute Einladungen steigern die Vorfreude
auf das Fest. Dieses Buch hilft bei der
Gestaltung: Ob Gartenparty oder Sektfrüh-
stück, Hochzeit oder Hauseinweihung – es
macht für fast alle Anlässe die passenden
Vorschläge.

Happy Birthday!
Von H. Erfurth – 80 S., kartoniert
ISBN: 3-635-60564-6
Preis: DM 12,90

Das Verfassen von unverwechselbaren
Reden mit Spaßfaktor zum Geburtstag
gelingt mit diesem Ratgeber.

Geburtstagsfeste mitgestalten
Von A. Wilke, B. Haß – 96 S., kartoniert
ISBN: 3-8068-1876-2
Preis: DM 16,90

Einmalige Geburtstage mit originellen
Ideen sind mit Hilfe dieses Ratgebers kein
Problem mehr. Lassen Sie sich überraschen!

Kindergedichte für Familienfeste
Von B. H. Bull – 100 S., kartoniert
ISBN: 3-635-60491-7
Preis: DM 12,90

Ob zum Muttertag, zum Valentinstag oder
zum Nikolaus, dieses Buch bietet mit
unzähligen Gedichten einen wertvollen
Fundus für Kinder und Erwachsene.

Reden und Vorträge zu runden Geburtstagen
Von H. Erfurt – 100 S., kartoniert
ISBN: 3-635-60535-2
Preis: DM 12,90

Ob im kleineren oder größeren Rahmen, zu
Hause, im Verein oder in der Firma – dieses
Buch hält Musterreden für jede Feier bereit.

Die neue Glückwunschfibel
Von R. Christian-Hildebrandt –
100 S., kartoniert
ISBN: 3-635-60031-8
Preis: DM 9,90

Dieses Buch enthält eine Vielzahl von
Glückwünschen in Versform und in Prosa
für die Feste im Laufe eines Jahres.

Gästebuchverse, Trinksprüche, Richtsprüche
Von D. Kellermann – 104 S., kartoniert
ISBN: 3-635-60121-7
Preis: DM 9,90

Sie müssen einen Trinkspruch vortragen
oder sich in einem Gästebuch verewigen?
In diesem Buch gibt es eine Fülle von Bei-
spielversen und Anregungen für formvol-
lendete Wünsche und Danksagungen.

Gratulation!
Von I. Wolff – 144 S., kartoniert
ISBN: 3-8068-2588-2
Preis: DM 19,90

Was soll ich bloß schreiben? Dieser Ratgeber löst das Problem. Von A wie Abitur
bestanden über M wie Muttertag bis V wie
Verlobung liefert es 135 Musterbriefe.

Stand der Preise: 1.6.2000, Änderungen vorbehalten

Testtrainer Einstellungstests
Von Dr. W. Reichel – 136 S., kartoniert
ISBN: 3-8068-**1761**-8
Preis: DM 19,90

Bei der Auswahl von Bewerbern setzen Unternehmen die unterschiedlichsten Testverfahren ein. Dieses Buch informiert umfassend über die gängigen Verfahren; mit Hilfe eines ausführlichen Trainingsteils kann sich der Bewerber fit machen für den entscheidenden Test.

Handbuch Bewerbung
Von Dr. C. Harmsen – 296 S., kartoniert
ISBN: 3-8068-**2356**-1
Preis: DM 25,-

Dieser Band begleitet Sie von der Bewerbungsplanung bis zum Vorstellungsgespräch. Er enthält zahlreiche Musterbriefe und Fallbeispiele, die Ihnen neben den ausführlichen Informationen bei der erfolgreichen Jobsuche helfen sollen.

Das telefonische Job-Interview
Von A. Fuchs, A. Westerwelle –
160 S., kartoniert
ISBN: 3-8068-**2569**-6
Preis: DM 24,90

Der Griff zum Telefonhörer kann bei der Jobsuche einen Startvorteil verschaffen. Aber Vorsicht: Ein kurzer Telefonanruf verlangt perfekte Vorbereitung. Es gilt, den Personalleiter in nur wenigen Minuten von den eigenen beruflichen Stärken zu überzeugen. Dieses Buch bereitet optimal auf den ersten Kontakt vor.

Die überzeugende Bewerbung
Von A. Fuchs, A. Westerwelle –
224 S., kartoniert
ISBN: 3-8068-**2608**-0
Preis: DM 29,90

Wer sich heute auf dem Arbeitsmarkt von der Masse abheben will, muss eine individuelle Bewerbungsstrategie wählen. Das umfassende Handbuch begleitet Bewerber auf dem Weg zum Traumjob.

Überqualifiziert? – So kriegen Sie den Job!
Von U. Holst – 120 S., kartoniert
ISBN: 3-635-**60558**-1
Preis: DM 14,90

Arbeitsplätze sind rar. Um trotzdem einen Job zu bekommen, sind immer mehr Berufsanfänger oder arbeitslose Akademiker bereit, auch unterhalb ihres Ausbildungsniveaus einzusteigen. Der Bewerbungsratgeber liefert gezielt Argumente gegen den Ablehnungsgrund: überqualifiziert.

Gezielt bewerben bei Unternehmensberatungen
Von P. Schnurr – 144 S., kartoniert
ISBN: 3-8068-**2090**-2
Preis: DM 24,90

Für viele der Traumjob schlechthin: Unternehmensberater arbeiten in den Schaltzentralen der Wirtschaft. Aber die Anforderungen sind hoch. Dieses Buch zeigt, welche Kompetenzen und Qualifikationen gefragt sind und wie die Bewerbung optimal läuft.

Stand der Preise: 1.6.2000. Änderungen vorbehalten

Weinwissen
ISBN: 3-8068-**7434**-4

Wein genießen – aber richtig. Diese Weinratgeber vermitteln Ihnen alles Wissenswerte zum Thema Wein, damit Sie die richtige Wahl treffen.

Außerdem in der Vinoteca-Reihe:

Alle Bücher haben 80 Seiten, sind durchgehend vierfarbig, gebunden und kosten
DM 15,–

Die großen Weine des Jahrhunderts
Von M. Scheuermann, H. Rodenstock –
216 S., gebunden
ISBN: 3-8068-**7475**-1
Preis: DM 98,–

Welches sind nun die besten Jahrgänge des letzten Jahrhunderts gewesen, und in welchen Lagen ist es gelungen, wahrhaft große Weine zu erzeugen? Mario Scheuermann, ein anerkannter Fachmann, nennt Dekade für Dekade die Weine, die Epoche machten.

Wein richtig genießen lernen
Von H. Ambrosi, I. Swoboda –
128 S., gebunden
ISBN: 3-8068-**4809**-2
Preis: DM 29,90

Dieses Buch vermittelt das Grundwissen, das benötigt wird, um einen Wein fachgerecht beurteilen zu können. Dabei ist es weit entfernt von Fachbelehrung und trockener Wissenschaft.

Weinlexikon
Von H. Ambrosi – 384 S., gebunden
ISBN: 3-8068-**4942**-0
Preis: DM 39,90

Die Welt der Weine und ihre Fachbegriffe sind so vielfältig wie die edlen Tropfen selbst. Wußten Sie, dass es „Weinolympiaden" gibt? Oder dass Großbritannien zu den weinproduzierenden Ländern gehört? Dieses FALKEN Buch gibt Ihnen präzise Antworten auf alle Fragen rund um den Rebensaft.

Stand der Preise: 1.6.2000. Änderungen vorbehalten